Mit dem Fahrrad rund um Köln

Thomas Pfeiffer

Mit dem Fahrrad rund um Köln

Die **12** schönsten **Touren** zum Genießen

J.P. BACHEM VERLAG

Impressum

Bildnachweis

Alle Abbildungen Thomas Pfeiffer außer:
istockphoto/horstgerlach: S. 19, 51, 78, 109, 127
istockphoto/A-D-F: S. 49
Kerstin Goldbach: S. 82 o.

Titelabbildung: istockphoto/horstgerlach

Bibliografische Information der Deutschen Nationalbibliothek
Die Deutsche Nationalbibliothek verzeichnet diese Publikation in der Deutschen Nationalbibliografie; detaillierte bibliografische Daten sind im Internet über http://portal.dnb.de abrufbar.

1. Auflage 2022

Lektorat: Kerstin Goldbach
Layout. Svenja Klein
Karten: Angelika Solibieda, cartomedia
Druck und Bindung: Impress GmbH

ISBN 978-3-7616-3440-0 Buchausgabe
ISBN 978-3-7616-3441-7 PDF
ISBN 978-3-7616-3448-6 EPUB
ISBN 978-3-7616-3449-3 MOBI

Aktuelle Programm-informationen finden Sie unter www.bachem.de

Alle Angaben in diesem Buch wurden vom Autor mit großer Sorgfalt recherchiert und vom Verlag geprüft. Autor und Verlag können jedoch keine Gewähr oder Haftung für eventuelle Änderungen oder Fehler übernehmen. Die Nutzung erfolgt auf eigene Gefahr. Für Korrekturhinweise sind wir sehr dankbar.

Die GPX-Daten zu den Touren sind kostenfrei unter www.bachem.de abrufbar.

Im Rheinpark mit Domblick

Inhaltsverzeichnis

Über dieses Buch

Die Großstadt Köln und ihre Umgebung sind eine ideale Fahrradregion. Man findet dort Strecken, auf denen man entspannt und meist abseits vom Autoverkehr abwechslungsreiche Radtouren unternehmen kann. Hinzu kommt, dass Köln auf eine über 2000-jährigen Stadtgeschichte zurückblicken kann und das Umland ebenfalls ein alter Siedlungsraum ist. Deshalb gibt es auf den Routen zahlreiche historische Orte und interessante Sehenswürdigkeiten zu entdecken. Beidseits des Rheins finden sich zudem abwechslungsreiche Landschaften, wie das Bergische Land, die Wahner Heide oder die weiten Ebenen am Niederrhein und entlang der Erft im Kölner Norden. Aus dieser spannenden Kombination aus Kultur und Natur haben wir Ihnen zwölf Touren zusammengestellt, die zugleich erholsam und erlebnisreich sind.

Der Wegverlauf der einzelnen Strecken- und Rundtouren ist so gewählt, dass die Routen hauptsächlich über verkehrsarme Straßen, durch Parks oder über Wald- und Feldwege führen. Die Streckenlängen betragen zwischen acht und zweiundvierzig Kilometer und können teilweise miteinander kombiniert werden. Die Start- und Zielpunkte der Touren sind gut an die öffentlichen Verkehrsmittel angebunden, sodass Sie bequem anreisen können, eine perfekte und umweltbewusste Kombination aus Fahrrad und Bahn.

Jedes Kapitel beginnt mit einer Kurzübersicht mit Informationen zur An- und Abreise, Einkehrmöglichkeiten, Sehenswürdigkeiten sowie Informationen zum Streckenprofil. Neben dem Tourentext mit der Darstellung der Strecke finden Sie in der Rubrik „Kurz & Knapp" zusätzlich eine stichwortartige, detaillierte Wegbeschreibung. Die Tourenkarte bietet einen Überblick über den Streckenverlauf. Adressen zu Sehenswürdigkeiten, Gastrobetrieben oder E-Bike-Lademöglichkeiten haben wir für Sie am Kapitelende bereitgestellt. Wer die Touren mit einem Navigationsgerät oder Smartphone fahren möchte, dem stehen auf der Internetseite **www.bachem.de** GPX-Daten der Touren kostenlos zur Verfügung.

Ganz gleich, ob Sie mit dem Tourenrad, Gravelbike, E-Bike, allein, gesellig in der Gruppe oder mit Ihren Kindern unterwegs sind, für jeden ist eine pas-

Die Radwegbeschilderung hilft bei der Orientierung.

sende Tourenauswahl dabei. Auf den Routen entdecken Sie interessante Orte, Sie treffen unterwegs auf ein römisches Kastell, besuchen preußische Forts, prunkvolle Schlösser, radeln entlang eines fleißigen Bachs oder durch das Rheinische Braunkohlerevier. Sportlich ambitionierte Fahrer können in Bensberg oder im Vorgebirge kurze Anstiege erklimmen und anschließend eine fantastische Aussicht ins Rheinland genießen. Apropos Genießen: Die am Kapitelende aufgeführten Einkehrtipps stellen nur eine Auswahl dar, da an manchen Orten, insbesondere im innerstädtischen Bereich, die Zahl der Gastrobetriebe entlang der Strecke sehr hoch ist. E-Bike-

Feldweg bei Dormagen – entspanntes Radfahren im Kölner Umland

Biergarten in der Zündorfer Groov:
willkommener Stopp für durstige Radfahrer

und Pedelec-Fahrer können beim Einkehren in eine Gaststätte das Nützliche mit dem Angenehmen verbinden und im Lokal auch nach einer Lademöglichkeit fragen, denn E-Bike-Stationen sind noch nicht so oft im Kölner Umland anzutreffen. Im Allgemeinen kommen Sie aber auf den meist flachen und den kürzeren Strecken mit einem hochwertigen Akku oder bei den langen Touren mit einem zusätzlichen Akku gut zurecht.

Sie sind mit dieser Auswahl an Touren gut vorbereitet, um loszufahren und das facettenreiche Köln und sein Umland mit seiner alten Kulturgeschichte zu entdecken.

Wenn unterwegs das Wetter mitspielt und die Sonne angenehm warm vom Himmel scheint, wird Ihr Fahrradausflug bestimmt ein schönes Erlebnis werden.

Ich wünsche Ihnen viel Spaß und Freude auf Ihren Radtouren!

Thomas Pfeiffer

Rheinseiten-Hopping

Tour 1

2 Std.

8 km

131 m

leicht

Auf einen Blick

Start/Ziel
Eigelsteintorburg

Strecken-Charakteristik
Größtenteils auf Radwegen, Radstreifen oder Parkwegen, einige Schotterabschnitte und Kopfsteinpflaster in der Kölner Altstadt

Essen & Trinken
Zahlreiche Einkehrmöglichkeiten entlang der Strecke, insbesondere in der Kölner Altstadt und am Ziel an der Eigelsteintorburg

ÖPNV
Stadtbahnhaltestelle Ebertplatz (verschiedene Stadtbahnlinien)

Sehenswert
Fort X, Rheinpark, römisches Kastell, Kölner Altstadt mit Ostermannbrunnen und Tünnes-und-Schäl-Denkmal

Tipp!
Planen Sie etwas Extrazeit für einen Besuch des Rosengartens auf dem Dach des preußischen Forts X ein.

Vorherige Seite: Rheinboulevard in Deutz

Rheinseiten-Hopping

Rundtour um die Kölner Altstadt

Auf einem Rundkurs geht es durch die Innenstadt, dabei erkunden wir wie im Zeitraffer die Geschichte Kölns, denn auf beiden Rheinseiten radeln wir vorbei an Relikten der Vergangenheit. Vom quirligen Eigelsteinviertel führt die Tour über das preußische Fort X weiter bis in den Rheinpark auf der „Schäl Sick". Dort folgen wir dem Rhein bis zur Deutzer Brücke, wo wir Reste eines römischen Kastells bestaunen können. In der Altstadt sehen wir Denkmäler Kölscher Originale und lassen uns in einer Brauerei zum Abschluss der erlebnisreichen Tour ein frisches Kölsch schmecken. Die Tour endet schließlich wieder an der Eigelsteintorburg, die früher ein Teil der mittelalterlichen Stadtmauer war.

Wir starten an der **Eigelsteintorburg** in der Kölner Nordstadt. Die Torburg war Teil der 7,5 Kilometer langen mittelalterlichen Stadtmauer, die 1881 im Zuge einer Stadterweiterung geschleift wurde. Die Stadtmauer hatte insgesamt 12 Torburgen, von denen heute noch fünf erhalten sind. Nachdem wir den Hansaring überquert haben, geht es weiter auf der Lübecker Straße und der Maybachstraße bis zur **Alten Feuerwache.** Wir befinden uns in der Neustadt-Nord, die von den Preußen – nach dem Schleifen der Stadtmauer – Ende des 19. Jahrhunderts auf dem Reißbrett konzipiert wurde. Im Vergleich zu den ungeordneten Gassen in der Kölner Altstadt, wurde die Neustadt geradlinig und übersichtlich geplant. Die Straßen laufen oft sternförmig auf zentral gelegene Plätze zu. Die Feuerwache wurde damals inmitten des Gewerbe- und Wohnviertels der nördlichen Neustadt gebaut. So konnten die Löschfahrzeuge, die teils noch mit Pferden gezogen wurden, schnell am Brandort sein. In den 1970er-Jahren sollte die Feuerwache abgerissen werden, was eine Bürgerinitiative verhindern konnte. Heute ist das Areal denkmalgeschützt und zentraler Treffpunkt im Veedel: Es ist ein Kultur- und Kommunikationszentrum in freier Trägerschaft und beherbergt auch eine Gastronomie mit schönem Biergarten.

Nach einer kurzen Fahrt queren wir die Neusser Straße und sehen die **Kirche St. Agnes,** die im neugotischen Stil errichtet wurde und jünger ist, als sie aussieht. Nach über 20-jähriger Bauzeit wurde sie 1910 fertiggestellt und geweiht. Damals fand man es schick, den gotischen Stil zu imitieren, St. Agnes ist ein schönes Beispiel hierfür; sie passt gut in die Szenerie der umliegenden Gründerzeithäuser. Vor der Inneren Kanalstraße biegen wir von der Niehler Straße rechts in den Hilde-Domin-Park ab, um nach wenigen Metern am **Fort X** anzukommen. Das Fort ist Teil des inneren Befestigungsrings, den die Preußen um das linksrheinische Köln bauten. Hierbei sind insgesamt elf Fortgebäude im Halbkreis um die Stadt errichtet worden. Heute befindet sich auf der Dachfläche des Forts ein Rosengarten – dies hätte dem damaligen Kölner Oberbürgermeister und Rosenliebhaber Konrad Adenauer gut gefallen. In der Nachkriegszeit des Ersten Weltkriegs verhinderte Adenauer einen Abriss der Forts, wie es die Siegermächte forderten. Er konnte seinem Plan verwirklichen, einen Grüngürtel in der Stadt zu schaffen, in dem einige Forts integriert und nun zu friedlichen Zwecken genutzt werden. Auch heute noch dient der Innere Grüngürtel den Kölnern als beliebtes Freizeit- und Erholungsgebiet.

Vorbei am Schwimm- und Eislaufstation Lentpark fahren wir leicht bergan auf die Zoobrücke. Zwar ist die Geräuschkulisse der lärmen-

Innenhof der Alten Feuerwache

den Autos störend, doch das Rheinpanorama mit dem Kölner Dom im Hintergrund entschädigt uns für die Lärmbelästigung. Über uns sehen wir die **Kölner Seilbahn,** die den Rhein zwischen Rheinpark und Kölner Zoo überquert. Auf der rechten Rheinseite gelangen wir in den Rheinpark, durch den wir jetzt gemütlich auf ruhigen, breiten Wegen rollen. Die Parkanlage hat ihre Ursprünge in den 1950er-Jahren. 1957 fand auf dem weitläufigen Gelände eine Bundesgartenschau statt. Im Park gibt es immer noch Elemente zu sehen, die aus dieser Zeit stammen, wie zum Beispiel Springbrunnen, die Rheinpark- oder eben die Seilbahn.

Wir fahren weiter auf dem **Rheinuferweg** und unterqueren die Hohenzollernbrücke, dahinter gibt es im **Grissini Restaurant** die Möglichkeit zur Einkehr mit Rheinblick. Wir rollen seitlich des Rheinboulevards weiter bis zum **römischen Kastell.** Für die Römer war Köln ein wichtiger militärischer Posten entlang des Limes und eine beliebte Kolonie, wo man gerne arbeitete und lebte. Die Überreste des Kastells in Köln-Deutz sind Teil einer riesigen Anlage, die eine Art Vorposten war. Hier waren Soldaten stationiert, die die Gegend auskundschafteten und die Stadt vor möglichen Angriffen aus dem Germanenreich frühzeitig schützen konnten. Den Rhein querten die Römer über eine fest installierte Holzbrücke.

Fort X in Richtung Rosengarten

Heute gibt es hier die stählerne **Deutzer Brücke,** über die wir fahren, um auf der anderen Rheinseite den Heumarkt in der Altstadt zu erreichen. Wir rollen dort durch die kleinen Gassen, um die Hinterhöfe der Altstadt zu entdecken. Seitlich der **Brauerei zum Pfaffen** führt uns der Weg durch einen Torbogen direkt auf den **Ostermannplatz,** wo der gleichnamige Brunnen steht. Das Denkmal wurde zu Ehren des Sängers und Dichters Willi Ostermann errichtet. Auf dem Brunnen sind Personen zu sehen, die in seinen Liedern vorkommen wie „Et Billa“, „Et Tant“ oder der „Funk“ und das „Kölsch Mädche“. Ostermann, der im Jahr 1936 verstarb, sang in Kölner Mundart – seine Lieder gehören zu den Klassikern der Kölner

Kleinbahn im Rheinpark

Karnevalslieder und werden auch heute noch gern gespielt. Hinter der Lintgasse biegen wir an der Schmitzsäule links ab, dort steht das Denkmal für zwei weitere bekannte Kölner Originale: **Tünnes und Schäl.** Die beiden sind legendäre Charaktere beziehungsweise Stockpuppen aus dem Hänneschen Puppentheater. Tünnes verkörpert einen zugezogenen Bauern, untersetzt, knollennasig und friedlichen Gemüts. Schäl stellt einen kleinbürgerlichen Städter dar, schlitzohrig und stets in Frack gekleidet. Übrigens: Wenn man dem Tünnes an die Nase fasst, bringt das Glück – daran glauben offensichtlich viele, wie man an der blank geputzten Bronzenase erkennen kann.

Wenige Meter weiter erreichen wir den **Alter Markt.** Im Mittelalter boten Händler auf dem Platz ihre Waren und Dienstleistungen an und viele Zünfte und Gaffeln hatten hier ihre Versammlungsräume. Heute ist der Alter Markt ein beliebter Treffpunkt, touristischer Hotspot und zu Beginn des Straßenkarnevals an Weiberfastnacht Dreh- und Angelpunkt des närrischen Treibens für die Jecken. Über die Marzellenstraße geht es weiter bis zum **Eigelstein.** Im Eigelsteinviertel gibt es einen bunten und multikulturellen Mix an Geschäften, Menschen und Lebensweisen, die die Weltoffenheit der Kölner und Kölns widerspiegeln. Am Ende der Geschäftsstraße gelangen wir an das Ziel der Rundtour: die Eigelsteintorburg. Hier können wir die Tour mit einem kühlen Kölsch, einem italienischen Eis oder anderen Leckereien ausklingen lassen.

Reste des römischen Kastels in Deutz

Kurz & knapp

Von der Eigelsteintorburg **rechts** in Lübecker Straße, **geradeaus** an Ampel (Hansaring) queren, dahinter **rechts** in Maybachstraße bis Sudermannplatz, dort **halblinks** in Kasparstraße fahren, nach 30 m **rechts** in Alte Feuerwache einbiegen. Vom Innenhof **links** in die Melchiorstraße einbiegen, nach 20 m **halbrechts** in Ewaldistraße, dort bis ans Ende fahren, dann **rechts** über Kreuzung und **links** auf den Radweg der Neusser Straße – seitlich Agneskirche weiter.

Hinter Agneskirche **rechts** in Neusser Wall, nach 100 m **halblinks** in Niehler Straße **geradeaus,** vor Innere Kanalstraße **rechts** in Parkweg (zwischen zwei Pöller) einbiegen und **geradeaus** weiter. Am Ende an T-Kreuzung **links** auf Fort X zufahren. (Tipp: zum Rosengarten **links** am Torgitter Fort X vorbei, nach 20 m Durchgang, dann Treppe auf das Fort X hochgehen (Beschilderung folgen)).

Tünnes-und-Schäl-Denkmal

Vor dem Fort X stehend **rechts** dem Parkweg seitlich am Gebäude folgen, nach 100 m den rot-weißen Radwegschildern Richtung Rheinufer folgen (erst **links,** dann **rechts** am Schwimm-/Eislaufstadion Lentpark vorbei). Nach 300 m **halblinks** auf Bogenbrücke rauffahren, dahinter der rot-weißen Radwegbeschilderung nach Mülheim/Deutz folgen und **geradeaus** auf Zoobrücke fahren (Rad-/Fußweg). Auf anderen Rheinseite die Brücke verlassen, **rechts** über Fußgänger-/Radfahrerrampe kreiselnd in den Rheinpark herunterfahren. Dort erst **geradeaus,** dann **halbrechts** (Springbrunnen) in Richtung Rhein fahren, nach 300 m links am Rhein **geradeaus** weiter. 800 m flussaufwärts die Rheinterrassen unterqueren, dahinter **halbrechts** (kurz leicht bergan) Richtung Hohenzollernbrücke, diese unterqueren und seitlich der Rheintreppen bis vor Deutzer Brücke fahren. Am römischen Kastell **links,** vorbei an weißer Kirche bis Radweg, dort **rechts** auf Deutzer Brücke. Auf anderen Rheinseite zum Heumarkt (Reiterstatue) fahren, dort zuerst **rechts,** dann **geradeaus** bis Brauhaus „Zum Pfaffen" (orangefarbenes Haus) rollen, **rechts** davon durch Torbogen, um im Innenhof zum Ostermannbrunnen zu gelangen. Den Innenhof queren und am Martinsbad durch Torbogen fahren, die Lintgasse kreuzen nach 10 m an Schmitzsäule **links** bis Tünnes-und-Schäl-Denkmal.

Vor Denkmal stehend **rechts** weiter nach 20 m **links** durch Hausunterführung (Martinspförtchen) bis Alter Markt Fahrrad schieben. Am Alter Markt **rechts** abbiegen, an Jan von Werth-Brunnen vorbei, **geradeaus** in Bechergasse, nach 50 m **links** in Straße „Am Hof" biegen. **Geradeaus** leicht ansteigend nach 300 m auf linken Seite Heinzelmännchenbrunnen. Vor Brunnen stehend rechts weiter vorbei am Früh-Brauhaus, die Hohe Straße (Fußgängerzone) kreuzen, dann **halbrechts** den Wallrafplatz (WDR-Funkhaus) queren und die Gasse „Unter Fettenhennen" durchfahren. Nach 400 m die Trankgasse (Ampel) queren und **geradeaus** in Marzellenstraße, hinter Kreisverkehr **geradeaus** über Marzellenstraße und Eisenbahnunterführung weiter in Straße „Eigelstein" fahren. Dem Eigelstein **geradeaus** bis Eigelsteintorburg folgen.

Zahlreiche Gaststätten reihen sich auf dem Alter Markt aneinander.

Zoobrücke
Rheinpark
Riehler Str.
Aquarium
Tanzbrunnen
Messe
DEUTZ
Bhf
Kanalstr.
Riehler Str.
Innere
Rhein
Konrad-Adenauer-Ufer
Hohenzollern-brücke
Römisches Kastell
Deutzer Brücke
Severinsbrücke
Am Leystapel
Fort X, Rosengarten
St. Agnes-Kirche
Str.
Riehler
Theodor- Heuss-Ring
Theodor- Heuss-Ring
Eigelsteintorburg
EIGELSTEIN
AGNESVIERTEL
Alte Feuerwache
Hansaring
Start/Ziel
Neusser
Str.
Ursulastr.
Hbf.
Dom
Alter Markt
Tünnes-und-Schäl-Denkmal
Rathaus
Ostermannbrunnen
Köln
Höhe in m
80
60
40
20
0
0 1 2 3 4 5 6 7 8
Strecke in km
N
0
200 m

Einkehrmöglichkeiten

Lokal Alte Feuerwache, Melchiorstraße 3, 50670 Köln,
Tel. 0221 737393, www.feuerwache.lokal-koeln.com
Täglich 10.00–23.00 Uhr

Grissini Restaurant, Kennedy-Ufer 2a, 50679 Köln,
Tel. 0221 82811868, www.grissini-restaurant.de
Di.–So. 11.30–22.00 Uhr

Brauerei zum Pfaffen, Heumarkt 62, 50667 Köln,
Tel. 0221 2577765, www.zum-pfaffen.koeln.de
Mo.–So. 11.00–00.00 Uhr

Museen & Sehenswürdigkeiten

Rosengarten im Fort X, Neusser Wall 33, 50670 Köln
Mai–Okt. 7.00–20.00 Uhr, So., Sa. und Fei. 9.00–20.00 Uhr

Die Eigelsteintorburg war Teil der mittelalterlichen Stadtbefestigung.

Tour 2

4 Std.

24 km

157 m

leicht

Auf einen Blick

Start/Ziel

Heumarkt

Strecken-Charakteristik

Komplett asphaltiert und eben, außer auf der Deutzer Brücke verkehrsarm, teilweise viele Fußgänger bis zum Rheinauhafen, in Rodenkirchen und in der Groov, ansonsten gut ausgebauter Rheinradweg

Essen & Trinken

Zahlreiche Einkehrmöglichkeiten in Köln-Rodenkirchen, in der Groov in Porz-Zündorf oder am Ziel in der Kölner Altstadt

ÖPNV

Stadtbahnhaltestelle Heumarkt (verschiedene Stadtbahnlinien)

Sehenswert

Kölner Altstadt, Rheinauhafen, Fährüberfahrt, Groov Porz-Zündorf

Tipp!

Handtuch mitnehmen! An warmen Tagen bietet sich der feine Sandstrand der Rodenkirchener Riviera für ein Bad in der Sonne an. Das Schwimmen im Rhein sollte man allerdings unbedingt unterlassen, es besteht wegen der starken Strömung und des Schiffsverkehrs Lebensgefahr!

Vorherige Seite: Am Rhein bei Rodenkirchen

R(h)ein ins Vergnügen

Einmal Kölner Süden und zurück

Die Rundtour entlang des Rheins zeigt, wie schön es im Kölner Süden ist. Vom Heumarkt in der Altstadt fahren wir zunächst bis zum Rheinauhafen. Der Hafen ist ein Aushängeschild der Stadt Köln und war schon öfter Drehort im Kölner Tatort. Urlaubsstimmung kommt auf, sobald wir aus dem Stadtgewirr heraus sind und entspannt über den Rheinradweg zur „Kölschen Riviera" in Rodenkirchen fahren. Nach einigen schönen Kilometern durch ländliches Gebiet setzen wir mit dem Fährboot „Krokolino" nach Porz-Zündorf über. Biergärten locken in der Groov, und bevor wir dem Rheinradweg zurück bis an die Deutzer Brücke folgen, können wir zum Abschluss auf dem Rheinboulevard die Beine ausstrecken und den Blick auf den Dom genießen.

Auf dem **Heumarkt,** direkt unterhalb des Denkmals von Preußen-König Friedrich Wilhelm III., beginnt unsere Tour. Die Preußen übernahmen die Stadt Köln nach den Franzosen im Jahr 1815. Ihre Herrschaft dauerte bis zum Ersten Weltkrieg. In dieser Zeit hat sich Köln stark verändert. Die Stadt wurde modernisiert und dem technischen Fortschritt angepasst. Auch Behörden wurden auf preußisches Niveau gebracht, was das Leben der Bürger zusätzlich veränderte. Die freiheitsliebenden Kölner waren von den neuen Einschränkungen und Regelungen wenig begeistert. Eine Reaktion darauf war die Persiflage des preußischen Militärs zur Karnevalszeit. Witzig präsentiert beim „Stippeföttche-Tanz" der Kölner Funkenregimenter.

Reiterstandbild auf dem Heumarkt

Wir fahren auf dem **Rheinradweg,** passieren das **Schokoladenmuseum** und das **Deutsche Sport & Olympiamuseum** und radeln weiter in den Rheinauhafen hinein, immer mit Blick auf die imposanten Kranhäuser. Sie wurden im Zuge der Modernisierung und Erneuerung des Rheinauhafens errichtet, der sich bis Ende der 1990er-Jahre in einem Dornröschenschlaf befand. Die alten Lagerhäuser, das ehemalige Hafen-Zollgebäude und andere historische Gebäude wurden renoviert und mit modernen Bauten kombiniert. Am Ende des Hafenareals, direkt hinter den historischen Kränen stand bis 2019 noch die originale Wurstbraterei aus den Kölner Tatortfolgen mit den Hauptkommissaren Ballauf und Schenk. Für die Dreharbeiten wurde die Bude immer auf die andere Rheinseite gebracht, damit man im Film auch den Dom im Hintergrund sieht. Nach Schließung der Wurstbraterei überließ der Inhaber die Kultbude dem Freilichtmuseum Kommern. In den ersten Kölner Tatortfolgen ist übrigens der Rheinauhafen vor seiner Modernisierung zu sehen. Nach einigen entspannten Kilometern auf dem Rheinradweg erreichen wir die **„Kölsche Riviera"** in **Rodenkirchen** – einem langgezogenen Sandstrandbereich am Rheinufer. Dort haben wir zahlreiche Möglichkeiten zur Einkehr darunter auch verschiedene Bootshäuser. Auf Deck sitzt man fast auf Wasserhöhe; bei einem kühlen Glas Kölsch kann man die Schiffe auf dem Rhein und das Treiben am Rodenkirchener Ufer beobachten.

Wir kommen raus aus dem städtischen Trubel und fahren durch eine ländlich anmutende Gegend, in der es herrlich ruhig und im Sommer kühl ist. Der Rheinradweg führt uns durch ein Auengebiet mit dichtem Baumbestand – das Naturschutzgebiet **Weißer Bogen**, wo Vater Rhein eine Flussbiegung macht. Dahinter kommen weit ausgedehnte Felder und Tierkoppeln – zu beiden Seiten kann man seinen Blick weit schweifen lassen. Auf der anderen Rheinseite können wir schon den Kirchturm von Porz-Zündorf sehen – dort werden wir bald ankommen. Die **Fährverbindung Weiß-Zündorf** ist weit bekannt und wird besonders an Wochenenden und Feiertagen gern genutzt. Dann bilden sich hier längere Gruppen von Wanderern, Spaziergängern und Fahrradfahrern, die alle mit der Fähre „Krokolino" übersetzten möchten. Zum Glück kommt man im Rheinland schnell ins Gespräch, so wird das Warten zu einer geselligen Angelegenheit. Viele Fährgäste möchten auch auf die andere Rheinseite, um der **Zündorfer Groov** – einem Naherholungsgebiet – einen Besuch abzustatten. Zahlreiche Restaurants und Biergärten gruppieren sich am dortigen Marktplatz, der Ort ist deshalb an sonnigen Tagen sehr beliebt und entsprechend belebt. Für

Historische Lastkräne im Rheinauhafen

Rheinpanorama mit Rodenkirchener Brücke

ein erfrischendes Eis „auf die Hand" ist die dortige Eisdiele genau richtig. Die Groov ist ein Seitenarm des Rheins, der in früheren Zeiten als natürlicher Hafen genutzt wurde. Durch stetige Verlandung konnte man den Hafen nicht mehr nutzen. In den 1970er-Jahren erhielt die Groov ihr Aussehen, wie wir es heute kennen: Die Insel wurde durch Dämme mit Porz-Zündorf verbunden, im nördlichen Bereich wurde der Zündorfer Yachthafen errichtet und das weitläufige Gelände der Groov zur Freizeitanlage umfunktioniert. Wer möchte, kann bei einer Partie Minigolf die Radlerbeine entspannen und mal andere Muskelbereiche beanspruchen. Für den geistigen Genuss empfiehlt sich ein Museumsbesuch in dem trutzigen Zündorfer Wehrturm aus Basaltstein. Hier finden regelmäßig Ausstellungen zeitgenössischer Kunst statt.

Vor uns liegen jetzt weitere schöne Kilometer auf dem Rheinradweg zurück in die Innenstadt. Die Radwege beidseitig des Flusses sind Teil der Eurovelo 15, der über 1200 Kilometer lang ist. Auf dem Fernradweg können Radreisende von der Rheinquelle in den Alpen über den Bodensee bis zur Rheinmündung in die Nordsee bei Hoek van Holland radeln. Wir fahren davon aber nur wenige Kilometer entlang des breiten Flusses, bis wir wieder in den quirligen Stadtbereich kommen. Hinter der Rodenkirchener Brücke und der Südbrücke radeln wir seitlich an den Rheinwiesen – auch

Fähre zwischen Weiß und Porz-Zündorf

Poller Wiesen genannt – entlang. Im Deutzer Hafen queren wir das Hafenbecken über eine stählerne Drehbrücke, dahinter geht es über eine langgezogene Asphaltfläche bis zur Deutzer Brücke. Bevor es im Bogen auf die Brücke hinaufgeht, erreichen wir den Rheinboulevard. Hier kann man gut verweilen – besonders abends, wenn die Sonne untergeht und die Kölner Skyline in ein warmes Licht gehüllt ist. Dann ist dieser Ort ein beliebter Treffpunkt und ein perfekter Ort für ein Panoramafoto von der Altstadt mit Kölner Dom und Hohenzollernbrücke im Hintergrund. Auf der Deutzer Brücke gibt es einen breiten Rad- und Fußweg, also genügend Platz, um anzuhalten und sich die Szenerie anzuschauen. Von dort aus sind es nur noch wenigen Meter bis zum Heumarkt. Wir rollen auf dem Platz nochmal zum Reiterdenkmal, wo König Friedrich Wilhelm III. immer noch stolz auf seinem Gaul sitzt. Hier „ungerm Stäts", also unter dem Pferdeschweif, haben sich die Kölner immer schon gern getroffen, um von hier aus durch die Kneipen der Altstadt zu ziehen. Dort warten die Köbesse mit leckerem kühlen Kölsch und nahrhafter Hausmannskost. In der traditionsreichen Brauerei zum Pfaffen kann man bei schönem Wetter auch draußen sitzen und das bunte Treiben auf dem Heumarkt beobachten.

Kurz & knapp

Auf dem Heumarkt vor dem Reiterstandbild König Friedrich Wilhelm III.stehend **geradeaus** Richtung Rheinufer über Markmanngasse fahren, dann **rechts** rheinaufwärts (Am Leystapel) radeln. Nach 500 m Höhe Malakoffturm **links** über grünfarbene Bogenbrücke (Drehbrücke) bis zum Schokoladenmuseum.

Über Drehbrücke zurück, dann **links,** nach 20 m **halblinks** Richtung Yachthafen **geradeaus** fahren. Am Ende Yachthafens (vor Zollamthaus) **links** Richtung Rheinufer **geradeaus,** dort **rechts** auf Rheinboulevard biegen und **geradeaus** weiter. Dem Rheinufer flussaufwärts für einige Kilometer folgen (rot-weiße Radwegschilder/Rheinradweg), die Rodenkirchener Brücke unterqueren, weiter **geradeaus** vorbei am historischen Bereich Rodenkirchens und entlang der „Kölschen Riviera" dem Rhein weiter **geradeaus** folgen. Hinter Rodenkirchen am Campingplatz und Restaurant

Groov in Porz-Zündorf

vorbei bis Minigolfplatz, dahinter dem Fußgänger- und Radweg zuerst **halblinks,** dann **halbrechts** (Schranke) in Rheinauen folgen, dort für einige Kilometer **geradeaus** bis Fähranleger Köln-Weiß fahren. Nach der Rheinquerung in Porz-Zündorf vom Fähranleger **geradeau**s durch die Groov bis zum Platz „Am Markt" in historischen Ortsbereich fahren.

Vom Marktplatz aus **links** auf dem Leinpfad viele Kilometer **geradeaus** rheinabwärts Richtung Köln-Zentrum fahren (rot-weiße Radwegschilder/Rheinradweg): über Porzer Yachthafen, dann entlang des Flusses, später durch ein Auengebiet, dann unter Rodenkirchener Brücke und Südbrücke bis zum Deutzer Hafen fahren. Das Hafenbecken über eine Drehbrücke queren, dahinter **links** auf Fußgänger- und Radweg abbiegen, die Severinsbrücke unterqueren und weiter **geradeaus**. Nach dem Unterqueren der Deutzer Brücke nach 100 m **rechts** abbiegen. Vorbei am römischen Kastell und weißer Kirche bis Radweg, dort **rechts** auf Deutzer Brücke fahren. Auf anderen Rheinseite **halbrechts** fahren, um zum Heumarkt und dem Reiterdenkmal zu kommen.

Rheinradweg am Yachthafen in Porz-Zündorf

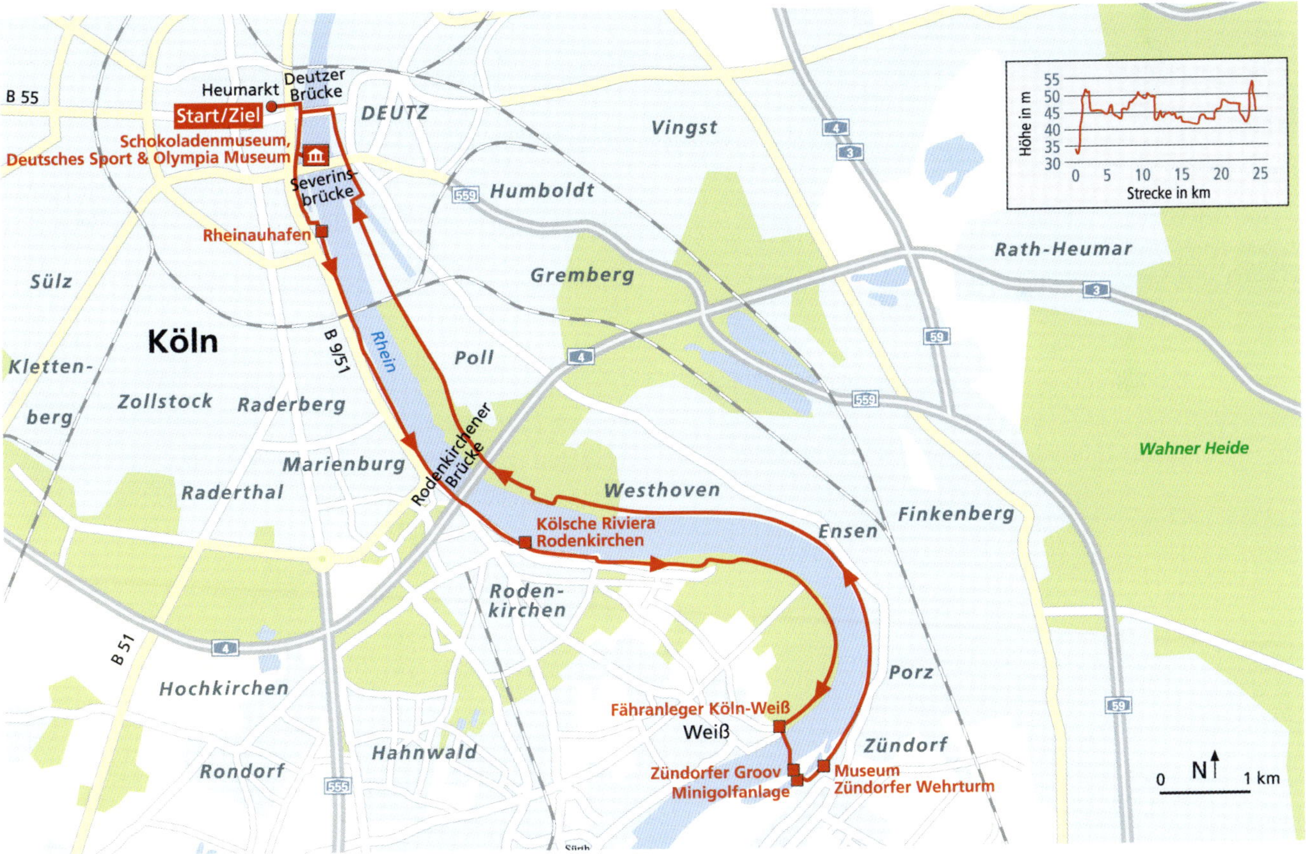

Heumarkt
Deutzer Brücke
Start/Ziel
Schokoladenmuseum, Deutsches Sport & Olympia Museum
Severinsbrücke
Rheinauhafen
DEUTZ
Vingst
Humboldt
Gremberg
Rath-Heumar
B 55
Sülz
Köln
Klettenberg
Zollstock
Raderberg
B 9/51
Rhein
Poll
Marienburg
Raderthal
Rodenkirchener Brücke
Westhoven
Kölsche Riviera Rodenkirchen
Ensen
Finkenberg
Wahner Heide
Rodenkirchen
B 51
Hochkirchen
Porz
Fähranleger Köln-Weiß
Weiß
Hahnwald
Rondorf
Zündorf
Zündorfer Groov Minigolfanlage
Museum Zündorfer Wehrturm
4
3
559
59
555
0 N 1 km

Höhe in m
55
50
45
40
35
30
0 5 10 15 20 25
Strecke in km

Einkehrmöglichkeiten 

Bootshaus Albatros, Am Rodenkirchener Leinpfad, 50996 Köln-Rodenkirchen, Tel. 0221 3508589, www.bootshaus-albatros.de
Di.–Fr. 12.00–23.00, Sa./So. 11.00–23.00 Uhr, Mo. Ruhetag

MS Bootshaus Rodenkirchen, Rodenkirchener Leinpfad, 50996 Köln, Tel. 0221 395184

Gaststätte Groov Terrasse, Am Markt 4, 51143 Köln Porz-Zündorf, Tel. 02203 85544, www.groov-terrasse.de
Mo., Mi., Do., Fr. ab 17.00 Uhr, Sa./So. ab 11 Uhr, Di. Ruhetag

Landhaus Zündorf, Marktstraße 27, 51143 Köln, Tel. 02203 81203, www.landhaus-zuendorf.de
Di.–So. 11.00–22.00 Uhr, Mo. Ruhetag

Brauerei zum Pfaffen, Heumarkt 62, 50667 Köln, Tel. 0221 2577765, www.zum-pfaffen.koeln.de
Mo.–So. 11.00–00.00 Uhr

Museen & Sehenswürdigkeiten 

Schokoladenmuseum, Am Schokoladenmuseum 1 a, 50678 Köln, Tel. 0221 9318880, www.schokoladenmuseum.de
Mo.–So. 10.00–18.00 Uhr

Deutsches Sport & Olympia Museum, Im Zollhafen 1, 50678 Köln, Tel. 0221 336090, www.sportmuseum.de
Di.–So. 10.00–17.00 Uhr, Mo. geschlossen

Museum Zündorfer Wehrturm, Hauptstraße 181, 51143 Köln, Tel. 02203 557609, www.zuendorfer-wehrturm.de
Mi. 15.00–18.00, Sa. 15.00–18.00, So. 14.00–18.00 Uhr

Freizeiteinrichtungen 

Fähre Weiß-Zündorf, www.faehre-koelnkrokodil.de

Minigolfanlage Freizeitinsel Groov, Marktstraße 12, 51143 Köln, Tel. 02203 84329, Mo.–So. 10.00–18.00 Uhr (ab Dämmerung und bei Regen geschlossen)

Tour 3

3 Std.

16 km

255 m

leicht

Auf einen Blick

Start
Dormagen S-Bahnhof

ÖPNV
S-Bahn 11 (verkehrt zwischen Köln und Neuss)

Sehenswert
Wildpark Tannenbusch, Geopark Tannenbusch, Schloss Arff

Essen & Trinken
Waldgasthaus Tannenbusch

Ziel
Köln-Worringen S-Bahnhof

Strecken-Charakteristik
Flach, bis auf den Start in Dormagen und am Ziel in Worringen verkehrsarm, Wechsel von Asphalt- und Schotterwegen, mit Kinderanhänger befahrbar

Tipp!
Entlang der Feld- und Radwege gibt es Möglichkeiten zum Picknick.

Vorherige Seite: Lindenallee entlang des Holzwegs

Mit Kindern „op Jück" im grünen Kölner Norden

Von Dormagen nach Köln-Roggendorf

Die kurze Streckentour ist nicht nur für Kinder interessant, auch Erwachsene werden ihren Spaß haben bei diesem Ausflug in den Kölner Norden, wo wir das Landleben hautnah erleben. Schnell verlassen wir Dormagen und fahren gemütlich entlang einer Allee bis zum Tannenbusch. Dort warten ein Geopark, ein Naturerlebnispfad mit Waldtrollen, Wildtieren und einem Spielplatz auf die kleinen Besucher. Während die Kinder die Umgebung entdecken, können Eltern im dortigen Lokal einkehren. Auf der Weiterfahrt kommen wir über ruhige Feld- und Waldwege zum Schloss Arff. Die barocke Schlossanlage ist umgeben von Weiden, auf denen friedlich Pferde grasen – ein ländliches Idyll im Norden der Großstadt. Wenig später endet der schöne Ausflug ins Grüne am S-Bahnhalt Worringen.

Wir starten am S-Bahnhof in **Dormagen** und fahren über die Bahnhofstraße bis zur Provinzialstraße (L 280), biegen dort rechts ab und folgen dem straßenbegleitenden Radweg. Nach kurzer Zeit befinden wir uns bereits am Ortsrand und biegen hinter dem Friedhof rechts in den Holzweg ein. Schon von Weitem können wir die Baumreihen der Lindenallee sehen, durch die wir nun gemütlich dahinrollen. Mit einem Kinderanhänger oder Kindersitz am Velo kann man hier gut fahren: Der asphaltierte Weg ist breit und vorwiegend den Fußgängern und Radfahrern vorbehalten. Der Holzweg ist Teil der **Niederrheinroute.** Diese Route erschließt auf rund 1200 fahrradfreundlichen Kilometern weite Teile Nordrhein-Westfalens. Im Sommer spenden die Linden kühlenden Schatten, der Baumabstand zueinander lässt den Radfahrern genügend Sicht auf die weiten Felder. Nach einer kurzen Fahrt im Wald erreichen wir den **Wildpark Tannenbusch** in Dormagen-Delhoven. Dort blicken wir auf eine

„Mund der Wahrheit" im Wildpark Tannenbusch

finster aussehende Gestalt – der „Mund der Wahrheit", sie ist zum Glück nur aus Holz. Ganz mutige Kinder stecken ihre Hand hinein. Einige Meter weiter entdecken wir im **Geopark Tannenbusch** die Welt der Steine. Der Park wurde in den 1980er-Jahren als geologischer Lehrpfad entwickelt und ein Rundweg angelegt. Am Eingang steht eine „geologische Uhr", die die wichtigsten Ereignisse der fünf Milliarden Jahre alten Erdgeschichte auf 24 Stunden zusammenfasst. Würde man die Erdgeschichte auf einen ein Meter langen Zeitstrahl darstellen, wäre die Menschheitsgeschichte nur wenige Zentimeter lang. Kinder wie auch Erwachsene staunen darüber, wie spannend die Entstehung unseres Planeten ist. Die Erde hat viele Millionen Jahre gebraucht, bis sie das Aussehen hat, wie wir es heute kennen. Die Erdgeschichte steht aber nie still, was wir unter anderem an jedem Vulkanausbruch erkennen können.

Der **Tannenbusch** ist heute rund 100 Hektar groß, in den 1950er-Jahren begann man hier ein kleines Wäldchen kontinuierlich aufzuforsten. Die Schutzgemeinschaft Deutscher Wald hat auf dem Gelände ein breites Angebot an naturkundlichen Bildungseinrichtungen geschaffen. Hierzu gehört auch die Waldschule im **Haus Tannenbusch:** Dort können Jugendgruppen, Schulklassen oder Eltern mit ihren Kindern durch einen naturnahen Unterricht den Lebensraum Wald erkunden. Außer einem Tierpark gibt es im Tannenbusch auch einen **Naturerlebnispfad**. Dort stellen wir fest, dass es neben Wildschweinen hier auch tatsächlich Waldtrolle gibt. Die Trolle sind aber friedlich und möchten den Kindern ihren Wald zeigen, sie beschreiben auf dem Erlebnispfad, was es hier so alles zu entdecken gibt. Natürlich gibt es auf dem Areal auch einen großen Kinderspielplatz mit Spielgeräten und Sandflächen. Im dortigen **Waldgasthaus Tannenbusch** kann man sich eine erfrischende Limonade bestellen.

Wir schwingen uns wieder in den Sattel und fahren hinter Tannenbusch über Feldwege mit Streuobstwiesen bis zum **Werther Hof** und weiter nach **Dormagen-Hackenbroich.** Dort schlängeln wir uns im Zickzack auf einem Geh- und Radweg am Chorbusch entlang. Der Chorbusch ist eine weitere Waldfläche, an dessen Rand wir nun seitlich der Siedlung entlangfahren – wer gut aufpasst, entdeckt dort die beiden kleinen Spielplätze. Die Hackhauser Straße führt uns aus Dormagen-Hackenbroich hinaus, entlang des Weges sieht man Koppeln, auf denen Pferde grasen, dösen oder herumtollen. Hier können die Kinder endlich ihre Äpfel oder Möhren aus den Radtaschen nehmen und diese den Pferden zum Fressen anbieten. Wer nichts in den Fahrradtaschen hat: Pferde mögen auch gern das saftig grüne Gras am Rand der Einzäunung. Inmitten des Pferdehofidylls entdecken wir das **Schloss Arff**, das zu den herausragenden barocken

Bauten im Rheinland zählt. Errichtet wurde die Anlage auf einem verlandeten Rheinarm mit sumpfigen und hochwassergefährdeten Bereichen. Deswegen baute man das Schloss auf Baumpfähle, die dem Gebäude Stabilität und Wasserschutz geben. Das Anwesen ist umgeben von einer reizvollen Parkanlage. Das Schloss befindet sich in Privatbesitz und wird für Veranstaltungen genutzt.
Einige Kurbelumdrehungen später wechselt die Asphaltoberfläche in einen geschotterten Feldweg, auf dem wir den **Kölner Randkanal** überqueren. Der Kanal wurde zwischen 1954 und 1957 von den Vorgängerfirmen der RWE-Power AG unter Beteiligung des ehemaligen Landkreises Köln geplant und gebaut. Der kerbförmige und 20 Kilometer lange Betonkanal führt nicht nur das Grundwasser der Tagebaugebiete in der Erftregion ab, sondern entwässert auch große Teile des westlichen und nördlichen Kölner Umlands. Zusätzlich soll der Kanal bei starken Regenfällen auch für einen kontrollierten Abfluss der Wassermengen sorgen, die bis Köln-Worringen fließen und dort in den Rhein münden. Hinter dem Kanal wird der Feldweg für einige Meter bis zur Autobahnbrücke ein wenig holprig – also Kinder haltet euch gut im Fahrradanhänger fest – wenn ihr mit dem Fahrrad mitfahrt, könnt ihr die kurze Strecke auch schieben.

Schloss Arff

Pferdekoppel beim Schloss Arff

Nach dem Überqueren der Autobahn fahren wir direkt rechts auf einem geteerten Weg weiter, der uns zum Kölner Pferdesport-Verein e. V. führt. Die Kinder können sich auf dieser Tour dort ein weiteres Mal Pferde anschauen. Vielleicht trefft ihr auf dem Vereinsgelände ja auch die Schulpferde „Joschi", „Kira" oder die „Rodina". Der Pferdehof liegt seitlich des Kölner Ortsteils Roggendorf, in den wir nun hineinfahren. Zuerst kommen wir am Gilleshof vorbei, dahinter folgen wir der Further Straße und Quettinghofstraße, um ein wenig später am S-Bahnhof Köln-Worringen die Streckentour zu beenden. Den Kinder und Eltern steht jetzt nur noch eine kleine Reise bevor: die Nach-Hause-Fahrt mit der S-Bahn, in der es an jedem Zugwagenende ein Fahrradabteil gibt.

Kurz & knapp

Vom Bahnhofplatz (Willy-Brandt-Platz) **halbrechts** in Bahnhofstraße bis große Querstraße, dort **rechts** abbiegen, 300 m hinter Bahnunterführung **links** in Lübecker Straße (große Ampelkreuzung), dann **links** Mathias-Giesen-Straße bis hinter Friedhof folgen, dort rechts in Holzweg fahren.
Immer **geradeaus** auf Allee unter Lindenbäumen rollen, im Waldbereich an Trinkwasserschutzgebiet vorbei, in Höhe Radwegschilder **rechts** Richtung Geopark abbiegen. Am Geopark **links**, dann **geradeaus** zuerst an Grillhütte, dann am Eingang zum Tierpark vorbei (bei Pause **links** auf das Gelände zum Waldgasthaus Tannenbusch schieben). Hinter Eingang und vor Siedlung **links** auf kleinen Weg abbiegen, später an

Sonnenblumenfeld am Wegesrand

Weggabelung (seitlich Wildschweingehege) **halbrechts** und **geradeaus** bis Querstraße (Holzweg), dort **rechts** und **geradeaus** auf Holzweg dem Straßenverlauf folgen. Am Ende Holzweg in einer Rechtskurve **links** in Hauptstraße einbiegen, die nach wenigen Metern in die Werther Straße übergeht, dort weiter **geradeaus** (rot-weiße Radwegschilder Richtung Hackenbroich). Auf asphaltiertem Feldweg (Werther Straße) an Streuobstwiesen vorbei bis Werther Hof fahren, dahinter **halbrechts** auf Schotterweg abbiegen (Asphaltstraße verläuft **halblinks** weiter). Nach 600 m asphaltierte Querstraße (Stommelner Straße) queren, auf gegenüberliegender Straßenseite leicht versetzt in kleinen Weg (Am Chorbusch) hineinfahren und

Wegverlauf folgen. An Weggabelung **halblinks** und **geradeaus** an Reetdach-Haus vorbei, dahinter über eine spitzwinklige Rechtskurve weiter dem Wegverlauf zwischen Siedlung und Waldrand folgen. Am Ende des Fuß-/Radweges kommt **links** Übergang zur Stichstraße, dort **geradeaus** an Schulgebäude vorbei, dann **rechts** in Hackhauser Straße einbiegen und **geradeaus** folgen. Weiter **geradeaus** – jetzt auf Schloß-Arff-Straße – am Schloss vorbei bis T-Kreuzung, dort Further Straße queren, auf gegenüberliegender Straßenseite auf Schotterweg weiter **geradeaus**, vorbei an Reiterhof/Pferdekoppeln. Den Randkanal queren, dahinter auf Feldweg weiter **geradeaus**, später über Brücke die Autobahn queren, auf anderer Brückenseite direkt **rechts** abbiegen und dem Weg (Further Straße) **geradeaus** folgen. Hinter Zugang zum Kölner Pferdesportverein die Worringer Landstraße unterqueren, dahinter (rot-weiße Poller) weiter **geradeaus** bis Gilleshof, dort zuerst **rechts** (rot-weiße Radwegschilder) auf Further Straße weiter, später **links** in Quettinhofstraße einbiegen und **geradeaus** bis Walter-Dodde-Weg, dort **rechts** weiter bis hinter Bahnunterführung zur T-Kreuzung, dann **links** und **geradeaus**, nach 300 m befindet sich der S-Bahnhof Worringen auf der linken Seite.

Gilleshof in Roggendorf

Tour 3

Start Bhf Dormagen

Straberg

DORMAGEN

57

B 9

0 N 1 km

Monheim
am Rhein

Dormagen

Geopark
Tannenbusch

Wildpark Tannenbusch

Delhoven

Spielplatz
im Wildpark

Rhein

Bayer- werk

Hitdorf

Worringen

Hackenbroich

Chor-
busch

Hackhausen

Schloss Arff

Kölner Randkanal

Golf-
platz

Köln-Worringen

Roggendorf Bhf Ziel

NSG
Worringer
Bruch

B 9

57

Höhe in m

50
0
-50
-100

0 2 4 6 8 10 12 14 16

Strecke in km

Einkehrmöglichkeiten

Waldgasthaus Tannenbusch,
Im Tannenbusch 2, 41540 Dormagen,
Tel. 02133 80606, www.waldgasthaustannenbusch.de
Di.–So. 12.00–23.00 Uhr, Mo. Ruhetag

Freizeiteinrichtungen

Tierpark Tannenbusch, Im Tannenbusch, 41540 Dormagen,
Tel. 02133 80718, www.svgd.de
Sommerzeit: täglich 8.00–20.00 Uhr, Winterzeit: täglich 8.00–18.00 Uhr

Kölner Pferdesportverein e. V.,
Worringer Landstraße 1, 50769 Köln,
Tel. 0221 783809, www.koelnerpsv.de

Katze beobachtet vorbeiziehende Radfahrer.

Tour 4

4 Std.

24 km

287 m

leicht

Auf einen Blick

Start
S-Bahnhof Köln-Longerich

ÖPNV
S-Bahn 11, Haltestelle Longerich; Stadtbahnlinie 16, Haltestelle Heinrich-Lübke-Ufer

Sehenswert
Diverse gut erhaltene Forts und Zwischenwerke, Adenauer und Decksteiner Weiher, Felsengarten

Essen & Trinken
Es gibt im Grüngürtel in Lindenthal rund um den Decksteiner Weiher Einkehrmöglichkeiten

Ziel
Stadtbahnhaltestelle Heinrich-Lübke-Ufer

Strecken-Charakteristik
Flach, weitgehend verkehrsarm, auf Feld- und Radwegen / Radstreifen, in Naturschutzgebiet und Parks Schotterwege, sonst Asphalt

Tipp!
Jährlich am zweiten Sonntag im September finden am „Tag des offenen Denkmals" Führungen zu einigen Forts und Zwischenwerken statt.

Vorherige Seite: Das preußische Fort VI in Lindenthal

Auf den Spuren der preußischen Vergangenheit

Entlang des Äußeren Grüngürtels

Mit dem Fahrrad begeben wir uns auf eine Zeitreise in die Preußenzeit und erfahren, was aus den militärischen Anlagen des ehemaligen äußeren Kölner Festungsrings geworden ist. Wir starten in Longerich, von wo wir direkt in den Kölner Grüngürtel gelangen und durch den schönen Nüsselberger Busch radeln. Unterwegs passieren wir das ehemalige Bahnhofsgebäude Belvedere in Müngersdorf, militärische Forts, Zwischenlager und ein Pulvermagazin in Raderthal sowie den Adenauer Weiher und das Arboretum in Lindenthal. Alle Sehenswürdigkeiten befinden sich im linksrheinischen Kölner Grüngürtel, der sich breit und im großen Bogen um die Stadt zieht. Die interessante und erholsame Streckentour endet am Rhein in Marienburg.

Vom S-Bahnhof **Köln-Longerich** aus verlassen wir schnell die autolärmende Militärringstraße und biegen rechts in einen Feldweg ein, um im **Nüsselberger Busch** weiterzufahren. Das Naturschutzgebiet ist ein rund 19 Hektar großer Grünstreifen zwischen Militärringstraße und der Autobahn 1. Das Landschaftsschutzgebiet ist Teil des **Äußeren Kölner Grüngürtels,** der sich im großen Bogen zu beiden Seiten des Rheins um Köln erstreckt: Vom Kölner Norden verläuft er entlang der Militärringstraße bis zum Rhein nach Köln Marienburg – auf der anderen Rheinseite zieht es sich im Halbkreis durch das rechtsrheinische Köln. Wir bleiben bei dieser Tour jedoch auf der linksrheinischen Seite. Die Stadt Köln hat es den Preußen zu verdanken, dass dieser Bereich damals nicht bebaut werden durfte. Denn die preußischen Befehlshaber errichten hier militärische Befestigungsanlagen um die herum eine freies „Schussfeld" bestehen bleiben musste. Neben dem inneren Ring entstand bald eine äußerer, da der innere Verteidigungsring nicht mehr für die fortschreitenden Waffentechnologie ausreichte. Der Bau der Militärgebäude begann im Jahr 1873, doch diese waren bereits 1886 veraltet. Die Entwicklung von Feuerwaffen und deren Reichweite schritt zu schnell voran. Dagegen blieben die weiträumigen, freien Flächen des Rings bestehen.

Im Nüsselberger Busch rollen wir auf einem gut ausgebauten Feldweg durch eine Wiesen- und Buschlandschaft. Auf einer Infotafel können wir uns über den Landschafts- und Biotop-Plan im Schutz- und Erholungsgebiet informieren. Seitlich des Feldwegs, in einem kleinen Waldgebiet, befand sich das ehemalige Fort III, dessen Umrisse man nur noch erahnen kann. In **Bocklemünd** angekommen queren wir hinter dem alten Ortskern die Venloer Straße, um dann auf dem Freimersdorfer Weg am Hinweisschild rechts abzubiegen. Über eine schmale Stichstraße rollen wir bergab in eine Senke bis zum Fort IV. Von dem gesamten Festungsbauwerk ist nur die Kehlkaserne übrig geblieben. Das **Fort IV** gehört zu einem der großen Fortbauwerke, die meistens an strategisch wichtigen Bahnanlagen platziert wurden. Obwohl nur noch Teile der ursprünglichen Anlage zu sehen sind, erhält man einen guten Eindruck von dem Aufwand, den die Preußen zum Schutz der Stadt betrieben hatten. Nach dem verlorenen gegangenen Zweiten Weltkrieg mussten laut Versailler Vertrag ab 1919 alle Militäranlagen im Deutschen Reich geschleift – also zerstört oder zurückgebaut – werden. Die Stadt Köln entschied sich seinerzeit für eine „kölsche Lösung". Der damalige Oberbürgermeister Konrad Adenauer realisierte zusammen mit dem Gartenarchitekten Fritz Encke ab 1923 Pläne zur Umgestaltung der Kölner Festungsringe. Die großen Freiflächen wurden zu Freizeit- und Parkanlagen umgewandelt, Festungsgebäude entweder abgerissen oder zu friedlichen Zwecken in das neue Nutzungskonzept integriert. Im

Fort IV in Bocklemünd

Ländliches Idyll im Kölner Grüngürtel

Inneren und Äußeren Grüngürtel findet man deshalb heute unter anderem Forstgebiete, ausgedehnte Wasserflächen, Sportanlagen, Kleingärten oder großflächige Wiesen.

Auf der wenig befahrenen Belvederestraße erreichen wir das Haus Belvedere, der klassizistische Bau ist das älteste erhaltene Bahnhofsgebäude Deutschlands und ein architektonisches Kleinod. Hinter dem Haus befindet sich das Zwischenwerk V a. Wir biegen rechts Richtung Park auf den Walter-Binder-Weg ab. Im Park fahren wir seitlich am „Weg des Gedenkens" entlang, der zum ehemaligen Gelände des Forts V führt, das die Nazis als Deportationslager nutzten. Eine große Skulptur aus rostfarbenem Stahl des Künstlers Simon Ungers erinnert heute daran.

Am Adenauer Weiher angekommen sehen wir direkt, dass dieser gern von Spaziergängern, Joggern, Wanderern oder Fahrradfahrern genutzt wird. Der See liegt idyllisch zwischen Baum- und Wiesenflächen, die von Schotterwegen gesäumt werden. Einige Kurbelumdrehungen weiter queren wir die Dürener Straße und erreichen das Arboretum. Es ist ein Anzuchtgebiet für exotische Bäume, das lange Zeit vergessen war. Das rund 17 Hektar große Areal wurde 2004 neu belebt. Eine Botanikerin erstellte eine Auswahl von 19 Bäumen, die bis dahin unerkannt ihr Dasein im Park fristeten. An den Bäumen stehen jeweils kleine Hinweistafeln. Zusätzlich ermöglichen zwei große Infotafeln einen Gesamtüberblick. Am Decksteiner Weiher im Ortsteil Lindenthal kommen wir zum Restaurant Haus am See. Hier können wir bei schönem Wetter auf der Terrasse mit Seeblick entspannen. Wenige Meter weiter erreichen wir die zweite große ehemalige Militäranlage, das Fort VI. Die gut erhaltene Anlage beherbergt in ihrem Außengelände einen sehenswerten verwunschenen Felsengarten. In der Hofdurchfahrt des Forts befinden sich große Hinweistafeln zur Geschichte und Bedeutung der Anlage und des Grüngürtels. Wenige Meter von der Festungsanlage entfernt, folgen wir der rot-weißen Radwegbeschilderung in Richtung Rheinufer. Der Radweg ist größtenteils geteert, manchmal ein wenig schmal, aber durchweg gut befahrbar. Fußballfans können einen Abstecher zum Trainingsgelände des Kölner Fußballclubs unternehmen und dort im Restaurant Geißbockheim einkehren. Seitlich des Radwegs steht ein Schild, das auf das Clubheim und Restaurant hinweist. Wir kreuzen auf unserem Weg die Ausfallstraßen Berrenrather Straße, Luxemburger Straße und Brühler Landstraße und erreichen den Ortsteil Raderberg. Hier müssen wir die Militärringstraße queren, um in den Fritz-Encke-Volkspark zu gelangen. Auf einem Rundweg im kleinen Park entdecken wir mächtige Erdwälle, hinter beziehungsweise unter denen sich damals die Pulvermagazine befanden. Die einstigen Gebäude waren zum Schutz

Decksteiner Weiher

vor möglichen Explosionen in diese Erdwälle eingebettet. Nach der Unterführung der Autobahn 555 gelangen wir nach **Marienburg,** dort fahren wir weiter auf dem Radweg bis zum **Zwischenwerk VIII b.** Das Zwischenwerk ist eine der wenigen Anlagen, die weitgehend dem „Schleifen" entgangen ist. Im Gebäude ist heute das Kölner Festungsmuseum beheimatet. Das Außengelände wurde 1985 zu einem Skulpturenpark erweitert. Am Rheinufer angekommen bietet sich als Anschluss die Tour 2 in den Kölner Süden an. Alternativ gibt es hier eine Stadtbahnverbindung zwischen Köln und Bonn. Wer sich nach dieser interessanten Tour stärken möchte, radelt ins nahe gelegene Rodenkirchen, wo es einige Lokale in Rheinnähe gibt.

Kurz & knapp

Vom Bahnhof Longerich zur großen Ampelkreuzung, auf anderer Straßenseite (Militärringstraße) **links** abbiegen und straßenbegleitendem Radweg folgen. Nach 900 m **rechts** auf Feld-/Waldweg einbiegen und Fahrradweg Richtung Dormagen (rot-weiße Radwegschilder) folgen. Weiter durch Nüssenberger Busch, die Landstraße (Johannesstraße) queren und auf anderer Straßenseite Feldweg **geradeaus** bis zum Ende folgen. Auf der Querstraße (Am Hufenpfädchen) **links** auf Radweg biegen und **geradeaus** Richtung Mengenich fahren. In der Linkskurve **rechts** in Buschweg einbiegen und **geradeaus** weiter, später **links** in Ingendorfer Weg fahren, **geradeaus,** nach 400 m zuerst **rechts** in Ransenbergweg, dann nach wenigen Metern **links** in Untere Dorfstraße einbiegen. Durch Bocklemünd weiter **geradeaus** über Mengenicher und Grevenbroicher Straße bis zur Venloer Straße rollen, diese an Ampel queren. Auf anderer Straßenseite Schienen queren, weiter auf Freimersdorfer Weg, nach wenigen Metern **links** in Vogelsanger Weg einbiegen. (Abstecher zum Fort IV: auf Freimersdorfer Weg bleiben, nach 50 m **rechts** in Seitenweg abbiegen (Schild Fort IV), nach 200 m sieht man die Anlage.) Dem Vogelsanger Weg einige Kilometer folgen, in Höhe Gut Vogelsang Übergang auf Belvederestraße, dort weiter **geradeaus,** an großen Ampelkreuzung Gregor-Mendel-Ring queren, dahinter auf Belvederestraße weiter **geradeaus**. Nach Queren der Zugschienen hinter Brücke direkt **rechts** in Walter-Binder-Weg, diesem **geradeaus** durch Waldpark bis Aachener Straße folgen. Auf gegenüberliegender Straßenseite **geradeaus** durch Sportpark auf Peter-Günter-Weg bis Olympiaweg fahren, dort **links** abbiegen und **geradeaus** am Stadion vorbei, dahinter **rechts** abbiegen und **geradeaus** an Ostseite des Stadions (Jakob-Zündorf-Weg) bis Junkersdorfer Straße fahren. Die Straße queren und **geradeaus** über Guts-Muths-Weg in Grüngürtel fahren, den rot-weißen Radwegschildern Richtung Decksteiner Weiher/Lindenthal folgen. Zuerst seitlich am Adenauer-Weiher vorbei, dann **halbrechts** dem leicht ansteigenden Parkweg bis Dürenerstraße folgen. Nach Straßenquerung (Ampel) **geradeaus** auf Parkweg am Infoschild Arboretum vorbei, am Ende der großen Wiese die Stadtbahnschienen queren (enges Drängelgitter!), dahinter direkt **links** dem Parkweg einige Meter folgen, dann **links** auf asphaltierter Bachemer Landstraße Richtung Decksteiner Weiher (0,5 km) rollen. Nach 300 m **rechts** abbiegen, den Parkplatz umfahren und zwischen

Minigolfplatz und Haus am See Parkweg folgen. Einige Meter am Weiher entlang, dann durch Waldgebiet **geradeaus** weiter, später – nach kurzer Abfahrt – erreicht man zuerst den Felsengarten (Zugang: Fußweg auf rechter Wegseite) und dahinter das Fort VI. Vom Fort VI führt eine asphaltierte breite Stichstraße weg, nach 300 m – hinter Fußballplätzen und vor Militärringstraße – **rechts** auf Radweg abbiegen, dort **geradeaus** Richtung Klettenberg/Rheinufer (rot-weiße Radwegschilder) fahren. Nach Querung Gleueler, Berrenrather und Luxemburger Straße verläuft der Radweg ab Höhe „Unterer Komarweg" direkt neben Militärringstraße. Hinter Eisenbahnunterführung Ampel über Straße „Am Eifeltor" queren und **geradeaus** dem Radweg weiter folgen. (Abstecher Fort VII: vor Ampel Am Eifeltor **rechts** dem kleinen Weg bergan und parallel zur Militärringstraße folgen, nach 150 m **links** in unbefestigten Waldweg (vier Betonsperren) schieben, das Fort VII ist nach 50 m erreicht.) Auf Radweg die Brühler Landstraße queren, 300 m dahinter zuerst **links** auf Robinenweg abbiegen, nach wenigen Metern Militärringstraße queren. Gegenüber kurz über Schotterweg bis Eckendorfer Straße, dort **rechts** weiterfahren, dann **links** in Pingsdorfer Straße (Allee) einbiegen, später zuerst halbrechts in Kardorfer Straße einbiegen, dann direkt **rechts** in Fritz-Encke-Volkspark fahren. Hier dem Rundweg durch kleinen Park schiebend folgen (ehemaliges Munitionslager/Wallanlage). Vom Parkeingang aus **rechts** zuerst der Kardorfer Straße folgen, dann **rechts** in Rosberger Straße einbiegen, dann **halblinks** in Straße Heidekaul fahren, nach 50 m **rechts** in Parkweg (Allee) einbiegen. Nach Überqueren der Militärringstraße **geradeaus** weiter auf Park-/Waldweg, nach 300 m zuerst **links** (rot-weiße Radwegschilder), dann nach 250 m die Straße „Im Wasserwerkwäldchen" queren. Auf gegenüberliegender Seite dem Schotterweg folgen, die Autobahn unterqueren und dahinter seitlich der Militärringstraße weiter Richtung Rheinufer fahren. (Abstecher Forstbotanischen Garten: hinter Autobahnunterführung **rechts** abbiegen.) Vor Ankunft am Rheinufer liegt seitlich vom Radweg das Zwischenwerk VIII b. Die Tour endet an der Stadtbahnlinie 18 (Halt: Heinrich-Lübke-Ufer), direkt am Rheinufer-Radweg zwischen Köln-Rodenkirchen und Köln-Marienburg.

Skulpturenpark am Zwischenwerk VIII b

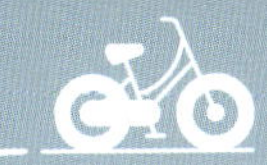

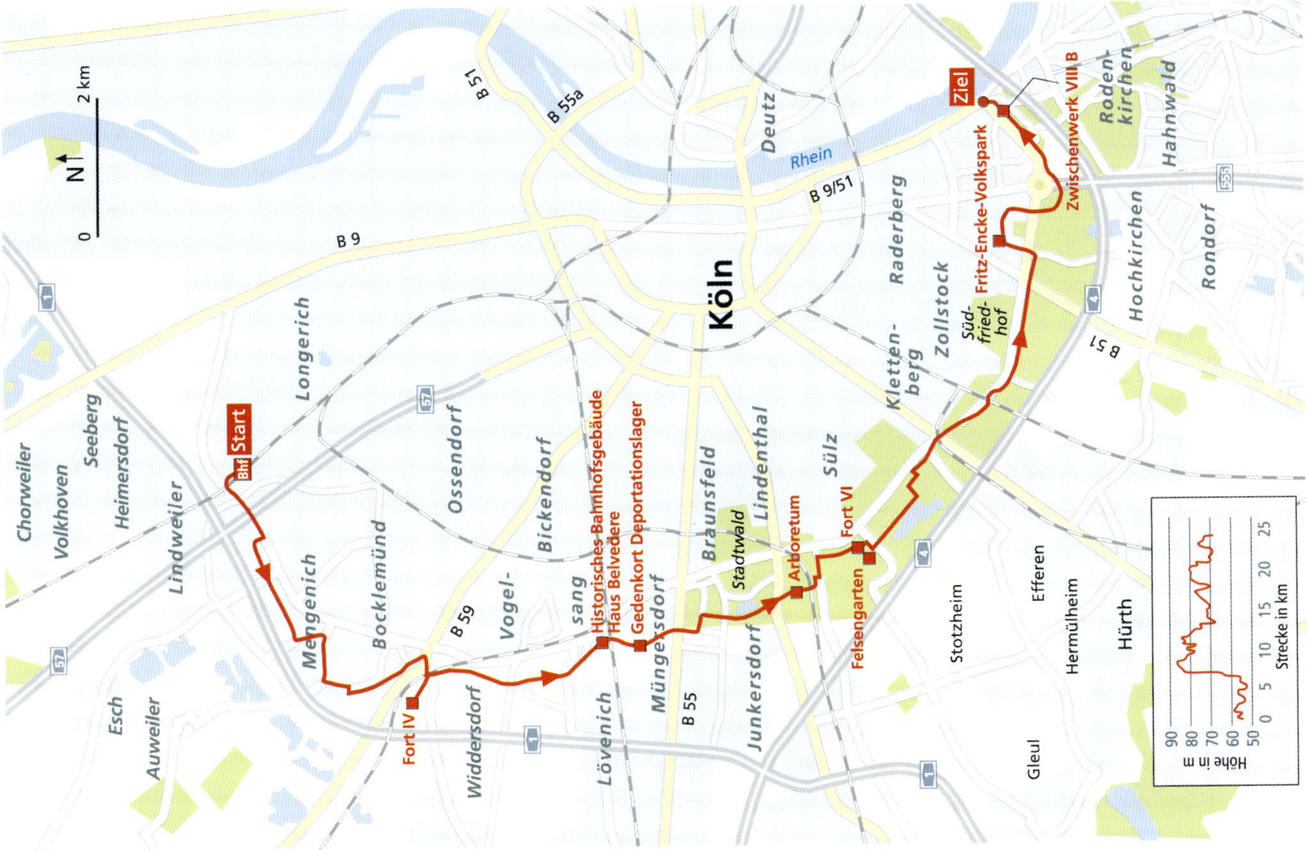
N
0
2 km
Bhf Start
Ziel
Fort IV
Historisches Bahnhofsgebäude
Haus Belvedere
Gedenkort Deportationslager
Arboretum
Fort VI
Felsengarten
Fritz-Encke-Volkspark
Zwischenwerk VIII B
Köln
Rhein
Deutz
Raderberg
Zollstock
Süd-fried-hof
Kletten-berg
Sülz
Lindenthal
Braunsfeld
Stadtwald
Müngersdorf
Junkersdorf
Lövenich
Widdersdorf
Vogel-sang
Bickendorf
Ossendorf
Longerich
Bocklemünd
Mengenich
Lindweiler
Heimersdorf
Seeberg
Volkhoven
Chorweiler
Esch
Auweiler
Stotzheim
Efferen
Hermülheim
Hürth
Gleul
Hochkirchen
Rondorf
Roden-kirchen
Hahnwald
B 9
B 51
B 55a
B 9/51
B 59
B 55
Höhe in m
90
80
70
60
50
0
5
10
15
20
25
Strecke in km

Einkehrmöglichkeiten 

Haus am See, Bachemer Landstraße 420, 50935 Köln,
Tel. 0221 4309260, www.hausamseekoeln.de
Mi.–Fr. 11.30–21.00, Sa./So. 11.00–21.00 Uhr

Restaurant Geißbockheim, Fritz-Kremer-Allee 1–3, 50937 Köln,
Tel. 0221 716166470, www.geissbockheim-fckoeln.de
Mo.–So. ab 12 Uhr

Rheinenergiestadion im Grüngürtel

Museen & Sehenswürdigkeiten 

Gedenkort Deportationslager,
Bürgerverein Köln-Müngersdorf e. V.,
Tel. 0221 9541855, www.BVM.Koeln.de

Arboretum im Äußeren Grüngürtel,
Schutzgemeinschaft Deutscher Wald Köln e. V.,
Tel. 02203 39987, www.sdw-nrw-koeln.de

Kölner Festungsmuseum im Zwischenwerk VIII b,
Militärringstraße Ecke Konrad-Adenauer-Straße, 50996 Köln,
Tel. 0162 7399505, www.festungsmuseum.koeln
Am 1. Samstag und am 3. Sonntag im Monat geöffnet,
Führungen jeweils um 12.00, 14.00 und 16.00 Uhr

Feste Zons – mit dem Rad ins Mittelalter

Tour 5

6 Std.

37 km

214 m

mittel

Auf einen Blick

Start
Haupteingang Kölner Dom

ÖPNV
Hauptbahnhof Köln (verschiedene Züge und Stadtbahnen); S-Bahn 11, Haltestelle Dormagen

Sehenswert
Kölner Dom, romanische Kirche St. Amandus, diverse Sehenswürdigkeiten in der Feste Zons

Essen & Trinken
Unterwegs zahlreiche Einkehrmöglichkeiten, insbesondere in Zons

Ziel
S-Bahnhof Dormagen

Strecken-Charakteristik
Flach, auf Rheinradweg, über Feld- und Dammwege, fast durchgehend asphaltiert, am Kölner Dom viele Fußgänger, in Worringen schlechter Radweg, in Dormagen verkehrsreich, ansonsten ruhig und gut befahrbar. Für Fahrradanhänger geeignet

Kräutergarten in der Feste Zons

Vorherige Seite: Die gut erhaltene Stadtmauer der Feste Zons

Feste Zons – mit dem Rad ins Mittelalter

Entlang des Rheins nach Dormagen-Zons

Erholsam und interessant zugleich ist die Tour, die uns fast steigungsfrei an den Niederrhein zur Feste Zons führt. Nach dem Start am Kölner Dom geht es gemächlich über den Rheinradweg bis Niehl. Hier passieren wir ein großes Industriegebiet und fahren über Merkenich und Rheinkassel wieder an den Rhein zurück. Wir radeln nun viel über ebene Rheindämme durch ländliche Regionen und Auenlandschaften. In Zons angekommen empfängt uns zugleich mittelalterliches Flair und wir begeben uns auf Enddeckungstour durch die sehr gut erhaltene Feste mit ihrer Burg und Stadtmauer. Nach einer Rast in einem der dortigen Lokale beenden wir die Tour in Dormagen am S-Bahnhof.

Vom Haupteingang des **Kölner Doms** aus fahren wir über den Domplatz seitlich an der Kathedrale und dem Römisch-Germanischen Museum vorbei bis an die **Hohenzollernbrücke.** Hier blicken wir auf ein Meer aus **Liebesschlössern,** die an den Brückengittern hängen. Mittlerweile sind es mehrere Zehntausende Schlösser zu beiden Seiten der Brücke. Das zusätzliche Gewicht der Metallschlösser hat aber keine Auswirkung auf die Baustatik, wie

Liebesschlösser an der Hohenzollernbrücke

Berechnungen ergaben. Die Hohenzollernbrücke ist nicht nur für Liebespaare interessant, sie ist deutschlandweit auch die meistbefahrene Eisenbahnbrücke. Züge von oder nach Köln müssen dieses Nadelöhr über den Rhein passieren. Gebaut wurde die Brücke in der Preußenzeit. Während der Industrialisierung fuhren hierüber viele Dampflokomotiven, deren Rußfahnen die Umgebung einhüllten. Die umliegenden Gebäude bekamen durch

die Abgase eine dunkle Patina; so auch der Kölner Dom, der genau neben den Gleisanlagen und dem Hauptbahnhof steht.
Wir fahren einige Meter zurück, um über einen Serpentinenweg den Höhenunterschied zum tiefer gelegenen **Rheinradweg** zu überwinden. Dort biegen wir Richtung Norden ab und rollen seitlich des Flusses weiter. Auf unserem Weg passieren wir die Zoobrücke und die Mülheimer Brücke. Die meisten Kölner Brücken sind mit dem gleichen charakteristischen grünen Anstrich versehen. Der Grünton wird „Kölner Grün" oder auch „Adenauer-Grün" genannt. Denn der damalige Oberbürgermeister Konrad Adenauer wünschte

Niehler Hafen

sich 1929, während des Baus der Mülheimer Brücke, ein Patina-Grün für das Bauwerk. Seitdem haben alle Brücken, die im städtischen Besitz sind, diesen charakteristischen Farbton: Mülheimer Brücke, Deutzer Brücke, Severinsbrücke und die Zoobrücke.
Auf einem breiten Radweg rollen wir entlang des **Niehler Hafens.** Das Hafenbecken überqueren wir auf einer Spannbetonbrücke und wenige Meter weiter sehen wir auch schon die Wohnhäuser von Niehl. Für eine Rast bietet sich dort die Gaststätte **Gaffel im Linkewitz** zur Einkehr an. Wer mit Kindern unterwegs ist, der kann direkt am Rhein auf dem Spielplatz das Piratenschiff entern.
Wir nehmen Abschied vom Rheinblick und Durchfahren den großräumigen Industriepark Köln-Nord, um dahinter nach **Merkenich** abzubiegen. Während der Fahrt über die Hauptstraße kann man den ursprünglichen Dorfcharakter dieses Kölner Vororts noch gut erkennen. Merkenich liegt an einer ehemaligen römischen Heerstraße, die von Köln nach Neuss führte. Überreste aus der Römerzeit sind im Ort zum Beispiel noch in den Fundamenten der Kirche St. Brictius erhalten.
Hinter der Leverkusener Brücke wird es ländlich: Pferdekoppeln und weite Wiesen- und Anbauflächen bestimmen jetzt das Bild. Immer wieder lugt der nahe gelegene Rhein hervor. Bei Hochwassergefahr ist **Rheinkassel** einer der ersten Ortschaften, die mit

Überschwemmungen rechnen müssen. Für den Radweg und den dortigen Campingplatz heißt es dann „Land unter". Wir fahren aber trockenen Fußes weiter und erreichen die in Altrosa und Weiß getünchte Pfarrkirche **St. Amandus.** Die Kirche stammt aus romanischer Zeit. Von hier führt der Weg auf der Deichkrone weiter, und wenige Fahrminuten später erreichen wir die Fähre **Langel-Hitdorf.** Die Fähre verbindet Köln-Langel mit dem Leverkusener Ortsteil Hitdorf und ist, neben der Leverkusener Brücke, für viele Anwohner eine wichtige Verbindung über den Rhein. In der Nähe des Anlegers kann man sich bei einem Getränk oder Eis den Fährbetrieb anschauen. Auf den weiteren Kilometern bis nach Köln-Worringen rollen wir auf dem Damm weiter. Entspannt können wir von hier oben herrliche Auenlandschaften erblicken, Schiffe auf dem Rhein beobachten oder rheinabgewandt den Blick über die weiten Ackerflächen schweifen lassen. Der gut asphaltierte Radweg ist auch bei Rennradfahrern beliebt, also beim Träumen und Genießen die anderen Radfahrer im Auge behalten. Von **Worringen** bis zum Ortsrand von Dormagen gibt es keine Alternative, als seitlich der lauten Hauptstraße zu fahren. Dahinter verläuft der Radweg aber wieder auf der Dammkrone. Abseits des Straßenverkehrs rollen wir durch

Gerstenfeld in den Rheinauen

eine typisch niederrheinische Landschaft und sehen nach einigen Kilometern die Stadtmauer der **Feste Zons** sowie die Gebäude und den hoch aufragenden Kirchturm von St. Martinus. Wir fahren über eine schmale Straße bis zur Zufahrt in die Altstadt. Im historischen Bereich gibt es genügend Einkehrmöglichkeiten vom Restaurant über Eisdiele bis hin zum Imbiss mit Außengastronomie – für das leibliche Wohl ist also gut gesorgt. So können wir erstmal in aller Ruhe die Altstadt erkunden, in der es angehm entspannt zugeht, da nur wenige Autos hier fahren dürfen. In der Feste gibt es zahlreiche gut erhaltene Gebäude aus dem Mittelalter zu bestaunen. Seitlich der wehrhaften Stadtmauern befinden sich neben einer Windmühle auch die **Burganlage Friedestorm** mit der Freilichtbühne Zons. Bis zum 14. Jahrhundert sah Zons noch anders aus, es war ein Dorf, wie viele andere in der Umgebung. Als der Kölner Erzbischof Friedrich III. im Jahr 1372 den Rheinzoll von Neuss nach Zons verlegte und der Ort kurz darauf Stadtrechte erhielt, wurde Zons erweitert: Um die Zollfeste zu schützen, wurden Mauern, eine Burganlage und weitere Gebäude errichtet; so erhielt Zons nach und nach das Aussehen, wie wir es heute erleben dürfen.

Mit dem Rheinzoll und den Stadtrechten versehen wurde die Stadt wohlhabend und bekannt. Wer hier ein wenig Kontrastprogramm erleben möchte, kann das dortige **Kreismuseum Zons** besuchen, das in der ehemaligen Burganlage der Zollfeste Friedestorm untergebracht und durch einen modernen Anbau ergänzt wird. Das Museum zeigt Angewandte Kunst des Jugendstils und bietet regelmäßig Wechselausstellungen an. In Zons gibt es auch die bekannte **Freilichtbühne,** die regelmäßig Märchenaufführungen zeigt, die nicht nur Kinder begeistern.

Nach dem Verlassen der Zollfeste fahren wir weiter durch eine landwirtschaftlich geprägte Landschaft bis nach **Dormagen**. Der Streckenverlauf ist so gewählt, dass man in der Kleinstadt entweder über Seitenstraßen oder Straßen mit Fahrradstreifen fährt. Die Streckentour endet am dortigen Bahnhof, wo es eine S-Bahnverbindung Richtung Düsseldorf oder Köln gibt. Für einen kleinen Snack gibt es am Bahnhofvorplatz einen Kiosk.

Kreismuseum Zons

Kurz & knapp

Vor dem Haupteingang stehend zuerst **halbrechts,** dann **geradeaus** am Kölner Dom, Römisch-Germanischen Museum und Wallraf-Richartz-Museum vorbei bis Hohenzollernbrücke (Liebesschlösser). Dann 300 m zurück an Säule **links** abbiegen, die Serpentinen hinunter Richtung Rheinufer, dort **links** auf Rheinradweg **geradeaus** in Richtung Dormagen (25 km/rot-weiße Radwegschilder) folgen. Hinter Zoobrücke und Mülheimer Brücke Radweg weiter **geradeaus** folgen, später im Niehler Hafen das Hafenbecken über Fuß-/Radfahrerbrücke queren, hinter Drängelgitter **rechts**, dann **geradeaus** (Radweg). Über Niehler Dammweg und St.-Leonardus-Straße oberhalb/seitlich des Rheins fahren, später **rechts** in Geestemünder Straße einbiegen (kurz vor Werkstor) und Radwegschildern folgen. Nach 400 m rechts auf Emdener Straße, **geradeaus** auf straßenbegleitendem Radweg durch Industriegebiet, dahinter **rechts** abbiegen Richtung Köln-Merkenich (Ivenshofweg), nach 300 m **halblinks** auf Merkenicher Hauptstraße und **geradeaus** durch Ort rollen.

Heilige Maria mit dem Jesuskind an einer Hausecke in Zons

Nach Unterqueren der Autobahnbrücke einige Meter weiter zuerst **rechts** in Schlettstadter Straße, dann nach 400 m **links** in Kasselberger Weg (rot-weiße Radwegschilder) einbiegen. Einige Kilometer **geradeaus** über Rheinkassel und Langeler Damm bis Fähranleger Langel/Hitdorf, dort **links** in Straße Hitdorfer Fährweg, nach 200 m **rechts** auf Dammweg biegen Richtung Dormagen (8,2 km/ rot-weiße Radwegschilder). Vor Köln-Worringen endet Dammweg an Neusser Landstraße, dort **halbrechts** abbiegen und **geradeaus** auf Radweg seitlich an Worringen vorbei und weiter bis hinter Chempark Dormagen. An Ampel in Höhe „An der Römerziegelei" Straße queren und weiter **geradeaus** zuerst auf unbefestigtem Fuß-/Radweg (rot-weiße Radwegschilder: Monheimer Weg, Leinpfad), später auf Asphaltweg rollen. Vor Zons den Damm verlassen und **links** auf Feldweg weiter, nach 800 m erreicht man über Wiesenstraße die Zufahrtsstraße (Schloßstraße) zur Feste Zons. (Feste Zons: In Zons gibt es diverse enge und breitere Gassen, die man fahrend oder schiebend erkunden kann.)

Zons zum Bahnhof Dormagen: Von Schloßstraße **links** in Wiesenstraße einbiegen, dieser folgen, dann **rechts** rot-weißen Radwegschildern **geradeaus** Richtung Dormagen folgen. Hinter Ortsschild Rheinfeld zuerst **halbrechts** auf breite Straße weiter **geradeaus,** vor den ersten Häusern **rechts** abbiegen und über kleinen Wirtschaftsweg seitlich von Rheinfeld und Ackerflächen **geradeaus** bis zur Straße „Andreashof", dieser weiter **geradeaus** folgen. Hinter Brückenquerung **links** in Krefelder Straße und **geradeaus** bis Walhovener Straße (Ampelkreuzung) fahren und auf diese **rechts** abbiegen. **Geradeaus** weiter über Flora- und Bahnhofstraße (Radweg/Radstreifen), hinter Haberlandstraße **halbrechts** auf Bahnhofstraße weiter (Beschilderung Bahnhof) und **geradeaus** bis Willy-Brandt-Platz, wo sich der S-Bahnhof Dormagen befindet.

Schweinebrunnen des Künstlers Bernhard Lohf in Zons

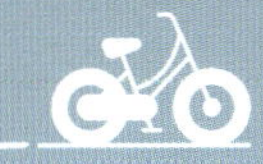

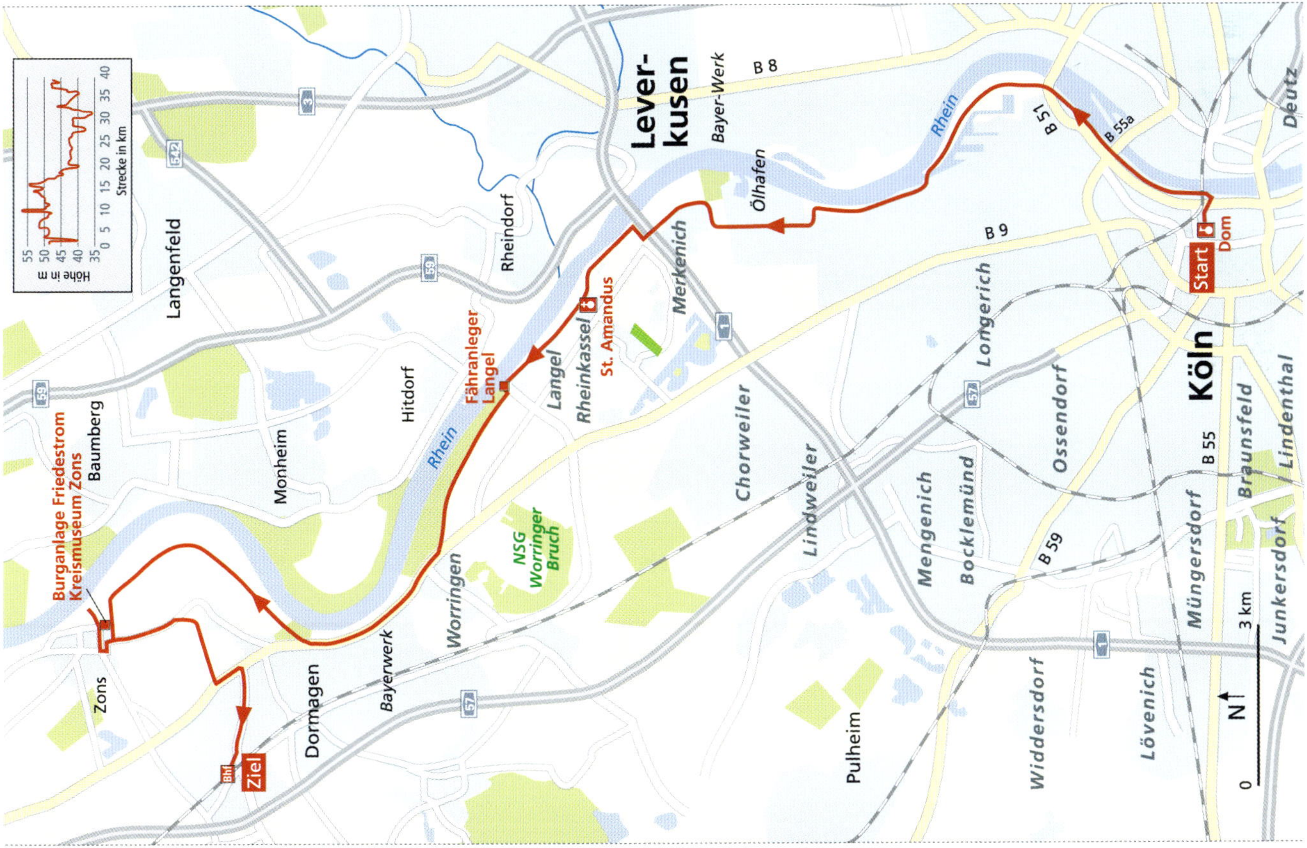
Start
Dom
Ziel
Bhf
Köln
Lever-kusen
Bayer-Werk
Ölhafen
Merkenich
Rheinkassel
St. Amandus
Langel
Fähranleger Langel
Rheindorf
Hitdorf
Langenfeld
Monheim
Baumberg
Burganlage Friedestrom Kreismuseum Zons
Zons
Dormagen
Bayerwerk
Worringen
NSG Worringer Bruch
Chorweiler
Lindweiler
Mengenich
Bocklemünd
Longerich
Ossendorf
Müngersdorf
Braunsfeld
Lindenthal
Junkersdorf
Deutz
Widdersdorf
Lövenich
Pulheim
Rhein
B 8
B 9
B 51
B 55a
B 55
B 59
3 km
N
Höhe in m
Strecke in km

Einkehrmöglichkeiten 

Gaffel im Linkewitz, Niehler Damm 179, 50735 Köln,
Tel. 0221 97754530, www.gaffel-im-linkewitz.de
Mo./Mi./Do. 16.00–23.00, Fr. ab 16.00, Sa. ab 10.00,
So. 10.00–22.00 Uhr, Di. Ruhetag

Zur Fähre, Cohnenhofstraße 132, 50769 Köln-Langel,
Tel. 0221 53998283, www.zurfaehre.com
Mo.–Fr. 11.30–22.00, Sa./So. 10.00–22.00 Uhr

Restaurant Herberts, Museumstraße 13, 41541 Dormagen-Zons,
Tel. 02133 2895867, www.restaurant-herberts.eatu.com
Täglich 11.30–14.30/17.00–20.00 Uhr, Do. Ruhetag

Museen & Sehenswürdigkeiten 

Kreismuseum Zons, Schloßstraße 1, 41541 Dormagen,
Tel. 02133 53020, www.rhein-kreis-neuss.de
Di.–Fr. 14.00–18.00, Sa./So. 11.00–18.00 Uhr, Mo. geschlossen

Märchenspiele Zons / Freilichtbühne Zons
(unter Tourist-Info Zons)

Info

Tourist-Info Zons, Schloßstraße 2-4, 41541 Dormagen,
Tel. 02133–257647, www.dormagen.de,
März–Sep. Di.–Fr. 10.00–16.00, Sa./So. 14.00–17.00 Uhr,
Mo. geschlossen, Okt.–Feb. Di.–Fr. 10.00–16.00 Uhr,
So. 14.00–16.00 Uhr, Mo./Sa. geschlossen

Tour 6

4:30 Std.

26 km

247 m

leicht

Auf einen Blick

Start
Köln-Deutz Bahnhofsvorplatz

Ziel
Stadtbahnhaltestelle Köln-Thielenbruch

ÖPNV
Bahnhof Deutz/Messe; Stadtbahnlinien 3 und 18, Haltestelle Thielenbruch

Strecken-Charakteristik
Flach, Wechsel von Asphalt- und Schotterwegen, Rheinradweg, Radwege, Forst- und Feldwege, in Bergisch Gladbach-Hand verkehrsreich. Für Fahrradanhänger geeignet

Sehenswert
Skulpturenpark Stammheim, Japanischer Garten, Basilika St. Nikolaus Dünnwald, Diepeschrather Mühle, Straßenbahnmuseum Thielenbruch

Essen & Trinken
Einkehrmöglichkeiten in Stammheim, Dünnwald und am Ziel im Museum in Thielenbruch

Vorherige Seite und rechts: Skulpturen im Stammheimer Schlosspark

Natur und Kultur auf der „Schäl Sick"

Unterwegs im rechtsrheinischen Norden

Auf der rechten Rheinseite erkunden wir auf dieser Tour die Kölner Vororte und unternehmen einen Schlenker nach Leverkusen und Bergisch Gladbach. Nach dem Start am Deutzer Bahnhof erreichen wir das quirlige Mülheim und radeln auf dem schönen Rheinradweg weiter bis ins dörfliche Stammheim. Dort entdecken wir im Schlosspark interessante Skulpturen, um bald darauf in Leverkusen den kunstvoll gestalteten Japanischen Garten zu besuchen. Auf ruhigen Nebenstraßen und Waldwegen kommen wir über Dünnwald nach Bergisch Gladbach zur Diepeschrather Mühle. Die steigungsfreie Streckentour endet an der Gaststätte an der Stadtbahnhaltestelle Thielenbruch, wo es auch ein Straßenbahnmuseum gibt.

Wir stehen auf dem Bahnhofsvorplatz in **Deutz** mit Blick auf das schöne **Empfangsgebäude** mit seiner ovalen Kuppel. Der Bahnhof wurde in den Jahren 1914/15 gebaut. Ein Blick in die großzügige Empfangshalle und auf die Verzierungen des Fußgängerdurchgangs unterhalb der Gleise ist lohnenswert. Wir fahren über den Auenweg und Rheinradweg in Richtung **Mülheim.** Dort unterqueren wir die Mülheimer Brücke, um dahinter weiter Richtung Norden zu fahren – den Rhein immer im Blick. Auf der gegenüberliegenden Uferseite sehen wir auf Höhe des Niehler Hafens den Auwald des **Cranachwäldchens** auf einer Landzunge. Die Halbinsel mit dem Wäldchen gehörte 1971 zum nördlichsten Teil des Bundesgartenschaugeländes in Köln.

Wenig später verlassen wir den Rheinradweg und fahren rechts auf die Stammheimer Hauptstraße bis zum **Stammheimer Schlosspark.** Der Landschaftsgarten zählt zu den ältesten Grünanlagen im Kölner

Gebäude des Deutzer Bahnhofs mit der prächtigen Kuppel

Stadtbereich, er wurde 1828 bis 1832 von dem renommierten Landschaftsarchitekten Maximilian Friedrich Weyhe für Graf Franz Egon von Fürstenberg-Stammheim angelegt. Im Zweiten Weltkrieg wurde das dazugehörige Schloss zerstört. Der circa 12 Hektar große Schlosspark ist heute nicht nur bei Ausflüglern beliebt, sondern auch bei Kunstliebhabern; hier finden ganzjährig Skulpturenausstellungen statt. Das Areal ist ein idealer Ort hierfür. Auf den großzügigen Rasenflächen stehen die Skulpturen verschiedener Künstler. Durch die großen Bäume erhalten die Objekte je nach Lichteinfall und Jahreszeit eine unterschiedliche Wirkung. Über die Egonstraße fahren wir weiter in den nächsten Kölner Ortsteil Flittard. Unterwegs entdecken wir den **Optischen Telegrafen,** der in der Preußenzeit zur Übermittlung militärischer Nachrichten diente. Der Telegraf war von 1832 bis 1848 in Betrieb und konnte damals durch entsprechende Ausrichtung der Masten Nachrichten an den nächsten von insgesamt 61 Telegrafen weitergeben. Dadurch schaffte man einen Informationsaustausch zwischen Koblenz und Berlin innerhalb von zwei Stunden.

Optischer Telegraf in Flittard

Köln-Flittard liegt ebenfalls in direkter Nähe zum Rhein, es war früher ein Bauern- und Fischerdorf. Die ehemalige Dorfstruktur im Ortskern um die Pfarrkirche St. Hubertus herum ist noch gut erkennbar. Bis zur Nachbarstadt Leverkusen ist es nicht mehr weit. Durch den Zickzackverlauf der Kölner und Leverkusener Stadtgrenze wechseln wir unterwegs öfters zwischen Leverkusen und Köln. Zum Glück gibt es keine „Stadtgrenzzöllner“, so merken wir nichts von den Übergängen auf kurzer Distanz. Der südliche Teil des Bayerwerkes und unser nächstes Ziel der Japanische Garten liegen noch auf Kölner Stadtgebiet. Der Japanische Garten ist als Teil der Carl-Duisberg-Parkanlage eine Ruheinsel inmitten des Stadtgewirrs und der großen Industrieanlagen. Auf Carl Duisberg geht auch die

Anlage des Gartens zurück, den er 1928 nach seinem Aufenthalt in Japan gestalten ließ.
Nachdem wir unsere Fahrräder am Eingang abgestellt und gesichert haben, erkunden wir zu Fuß die Anlage. Auf verschiedenen Wegen können wir die Schönheit der japanischen Gartenkunst erleben. Ostasiatische Pflanzen, Bäumen und Sträucher sind stilvoll angelegt im Wechsel mit erfrischenden Wasserflächen sowie Gebäuden und Skulpturen im japanischen Stil. Der Garten genießt unter Gartenkennern auch international ein hohes Ansehen. Bei so viel Schönheit, Ruhe und Entspannung fällt es schwer weiterzufahren. Nachdem wir die Bundesstraße 8 überquert und die Bahnlinien (S-Bahnhof) unterquert haben, führt uns unsere Route am **Motor- und Segelflugplatz Kurtekotten** vorbei. Hinter einer weiteren Bahnlinie folgen wir dem Verlauf der Straße, die dann in einen Forstweg übergeht. Nun rollen wir über einen Schotterweg entspannt durch den **Dünnwalder Wald** und seitlich am **Von-Diergardt-See** entlang. Im Sommer lädt der

Japanische Garten

dortigen Strandbereich zu einer Badepause im ehemaligen Baggersee ein. Über den Waldweg kommen wir in den Kölner Ortsteil **Dünnwald,** wo die größte romanische Kirche im rechtsrheinischen Köln steht, die Basilika St. Nikolaus. Sie wurde im 12. Jahrhundert von den Prämonstratensern gebaut. Anfang des 19. Jahrhunderts wurde sie durch einen Erlass Napoleons säkularisiert. Heute ist die Kirche im Besitz der katholischen Kirchengemeinde „Heilige Familie“. Hinter dem Klostergelände queren wir in Dünnwald zweimal Bahngleise, um am Ortsrand in ein weiteres Waldgebiet hineinzufahren. Dort gelangen wir zum **Dünnwalder Waldbad,** das von einem Förderverein in Eigenregie betreut wird. Das Schwimmbad liegt innerhalb eines großzügigen Erholungs- und Freizeitgeländes, auf dem es auch einen Campingplatz, eine Minigolfanlage und das **Restaurant Wildwechsel** gibt. Auf unserer Weiterfahrt passieren wir nochmals die Kölner Stadtgrenze und erreichen den Bergisch Gladbacher Ortsteil Hand. Im dortigen Naherholungsgebiet befindet sich die Diepeschrather Mühle. Die Hofgründung geht auf das Jahr 1653 zurück, damals wurde dort eine Mahlmühle betrieben. Den Name **Diepeschrather Mühle** erhielt das Gebäude, das 1911 nach einem Brand komplett zerstört wurde, aber erst im 20. Jahrhundert, nachdem das Gelände zu einem Ausflugsziel mit Restaurantbetrieb und Spielplatz umfunktioniert wurde.

Auf Nebenstraßen fahren wir durch Hand, um dann nach vielen Kurbelumdrehungen von der Bergisch Gladbacher Straße aus in einen Forstweg abzubiegen. Wir sind jetzt im **Thielenbruch,** der Teil des 72 Hektar großen Naturschutzgebiets „Thielenbruch und Thurner Wald“ ist. Das Naturschutzgebiet ist ein Überrest der zahlreichen Feuchtgebiete aus früheren Zeiten: Damals gab es auf der rechtsrheinischen Mittelterrasse noch ausgedehnte Moorgebiete, die durch menschliche Aktivitäten nach und nach trockengelegt wurden. 1969 wurde das verbliebene Gebiet unter Schutz gestellt, aufgrund der seltenen Tierarten und Lebensräume, die es in dieser Art und Weise nicht mehr gibt. Am Ziel angekommen verweilen wir noch ein wenig in vergangenen Zeiten, da sich hier – an der Endhaltestelle der Kölner Stadtbahn – ein **Straßenbahnmuseum** befindet. Nach einer Zeitreise in die Welt der historischen Straßenbahnen können wir dort im **Restaurant Aubele** mit Biergarten einkehren, um diese Tour gebührend abzuschließen.

Straßenbahnmuseum in Thielenbruch

Kurz & knapp

Vor Eingang Bahnhof Deutz stehend einige Meter **links**, dann **rechts** (Auenweg) und **geradeaus** durch Unterführung auf Radweg Richtung Köln-Mülheim fahren, zuerst auf Radweg entlang des Auenwegs, später auf Rheinradweg. Hinter Mülheimer Brücke für weitere Kilometer auf Rheinradweg bleiben und **geradeaus** bis Köln-Stammheim fahren (rot-weiße Radwegschilder). In Köln-Stammheim den Rheinradweg verlassen und **halbrechts** Rampe hinauffahren, dann weiter **geradeaus** auf der Stammheimer Hauptstraße. In Höhe Eingang zum Schlosspark weiter **geradeaus** auf Egonstraße Richtung Köln-Flittard rollen (für Besuch Schlossgarten/Skulpturenpark **links** durch Eingangstor schieben). **Geradeaus** auf Egonstraße an Telegrafenstation vorbei, in Höhe Bushaltestelle zuerst **links** in „Am Feldrain" einbiegen, nach wenigen Metern dann **rechts** in Flittarder Deichweg, dann **rechts** in Evergerstraße einbiegen und **geradeaus** weiterfahren. Hinter Bahngleisen über Roggendorfstraße weiter und vor Discounter **halblinks** in „Auf dem Lind" (Fuß-/Radweg) einbiegen, **geradeaus** (600 m) bis Düsseldorfer Straße, dort **links** abbiegen. Seitlich Hauptstraße (rot-weiße Radwegschilder Richtung Leverkusen) **geradeaus** bis große Ampelkreuzung, dort **links** in Otto-Bayer-Straße einbiegen, zuerst auf Radweg, später dem Parkweg **geradeaus** Richtung Eingang Japanischer Garten folgen. Nach Besuch der Gartenanlage zurück über Otto-Bayer-Straße bis Düsseldorfer Straße, dort die Kreuzung **geradeaus** queren, hinter Bahnunterführung am Kreisverkehr die erste Straße **rechts** abbiegen, nach 20 m **links** auf unbefestigten Feldweg fahren. Dem Feldweg **geradeaus** folgen, vorbei am Golf- und Segelflugplatz bis Infotafel/ rot-weiße Radwegschilder, dort **rechts** auf asphaltierten Kurtekottenweg abbiegen in Richtung Köln-Dünnwald (4,8 km). Später über Knochenbergsweg weiter **geradeaus,** zuerst Autobahn, dann Bahngleise überqueren, weiter **geradeaus,** dem unbefestigten Waldweg im Rechtsbogen folgen. Auf Waldweg (Haidweg) bleiben, **geradeaus** am See vorbei bis zur geteerten Querstraße (Goffineweg), dort **rechts** abbiegen und dem Straßenverlauf seitlich am Friedhof entlang folgen. Die Straße führt über Holzweg bis zur Prämonstratenserstraße, auf diese **links** einbiegen und **geradeaus** fahren, vor dem Gleisübergang **rechts** abbiegen (Am Klosterhof). Nach 400 m **links** in Schweidnitzer Straße einbiegen, zuerst die Bahngleise, später die Kreuzung Berliner Straße queren und auf Leuchterstraße weiter

Bei Rheinkilometer 694 in Stammheim

geradeaus fahren. Hinter Kreisverkehr zuerst **geradeaus** weiter der Beschilderung Waldbad folgen, dann **rechts** in Peter-Baum-Weg einbiegen. In einer scharfen Rechtskurve, vor dem Waldbad, Peter-Baum-Weg **halblinks** verlassen, auf unbefestigtem Waldweg weiter (für Besuch Waldbad/Gastronomie auf Peter-Baum-Weg bleiben). Auf Waldweg zuerst **geradeaus,** dann die vierte Möglichkeit (hinter Reitweg) **rechts** abbiegen, dann nach 50 m **links** (Schutzhütte) abbiegen und **geradeaus** auf Waldweg weiter. Nach Queren der Straße „Markweg“ **geradeaus** zuerst über Parkplatz, dann auf Feldweg bis zur Diepeschrather Mühle rollen. Dort auf asphaltierter Straße „Diepeschrath“ geradeaus bis T-Kreuzung, dort **links** in Diepeschrather Weg einbiegen, der Straße zuerst durch Wald, später durch Bergisch Gladbach-Hand folgen. Hinter Rechtskurve **geradeaus** auf Mühlenstraße weiter bis Heidestraße, dort **links** reinfahren. An Dellbrücker Straße **rechts** abbiegen und auf Radweg bis Straße „Im Grafeld“ (gegenüberliegende Straßenseite) fahren, dort **links** einbiegen. Im Grafeld zuerst leicht bergan fahren, nach Queren der Handstraße weiter **geradeaus,** jetzt auf Duckterather Weg. Hinter Eisenbahnüberführung bis große Kreuzung Mülheimer Straße, dort **rechts** abbiegen, einige Meter bis zum Ende des schlechten Radwegs fahren, dort Mülheimer Straße queren, dann wenige Meter auf Fuß-/Radweg schieben, um am Ende der Häuserreihe **links** in Waldweg einzubiegen (Schranke). Auf unbefestigten Weg **geradeaus,** nach 300 m an Kreuzung **rechts** abbiegen, dann weiter **geradeaus** durch Thielenbrucher Forst, nach 600 m an Weggabelung **halbrechts** zur Thielenbrucher Allee fahren, dort direkt **links** in asphaltierte Straße „Im Eichenforst“ einbiegen, nach 200 m **halblinks** über Fuß-/Radweg bis Stadtbahnhalt / Straßenbahnmuseum Thielenbruch fahren.

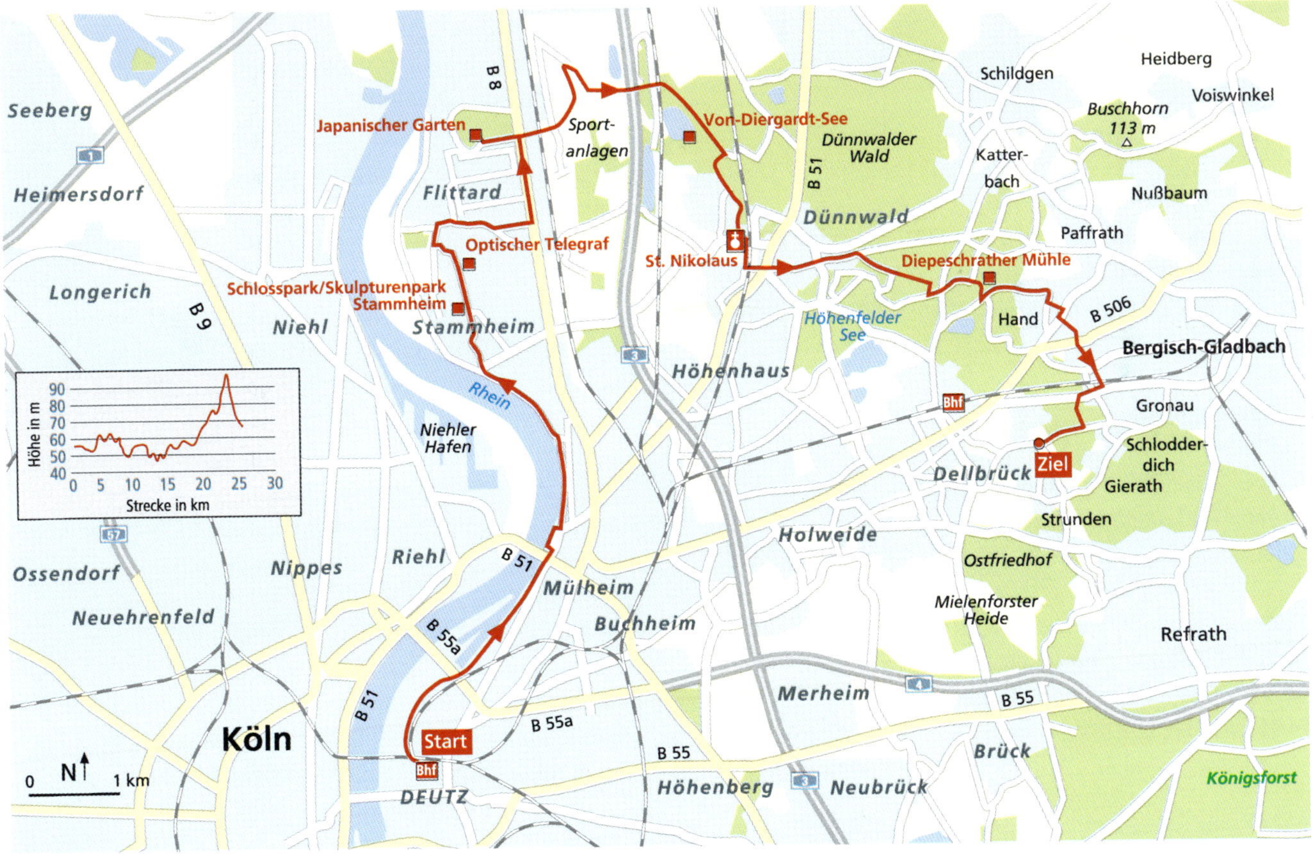
Seeberg
Heimersdorf
Longerich
Ossendorf
Neuehrenfeld
Niehl
Nippes
Riehl
Köln
DEUTZ
Start
Bhf
B 8
B 9
B 51
B 55a
B 55
Japanischer Garten
Sport-
anlagen
Flittard
Optischer Telegraf
Schlosspark/Skulpturenpark
Stammheim
Stammheim
Rhein
Niehler
Hafen
Mülheim
Buchheim
Von-Diergardt-See
Dünnwalder
Wald
Dünnwald
St. Nikolaus
Höhenhaus
Höhenfelder
See
Holweide
Merheim
Höhenberg
Neubrück
Brück
Dellbrück
Schildgen
Heidberg
Voiswinkel
Buschhorn
113 m
Katter-
bach
Nußbaum
Paffrath
Diepeschrather Mühle
Hand
B 506
Bergisch-Gladbach
Gronau
Ziel
Schlodder-
dich
Gierath
Strunden
Ostfriedhof
Mielenforster
Heide
Refrath
Königsforst
Höhe in m
90
80
70
60
50
40
0
5
10
15
20
25
30
Strecke in km
0
N
1 km

Einkehrmöglichkeiten 

Eiscafé Roni, Evergerstraße 27, 51061 Köln-Flittard,
Tel. 0221 664619, Mo.–Sa. 10.00–20.30 Uhr, So. 12.00–20.30 Uhr

Restaurant Wildwechsel (am Dünnwalder Waldbad),
Peter-Baum-Weg 24, 51069 Köln-Dünnwald,
Tel. 0221 96812638, www.wildwechsel-koeln.de
Di–Fr 16.00–22.30, Sa/So 12.30 22.30 Uhr, Mo. Ruhetag

Restaurant Diepeschrather Mühle,
Diepeschrather Weg 80, 51469 Bergisch Gladbach
Tel. 02202 1886338, www.diepeschrather-muehle.net
Mi.–So. 12.00–14.30/17.30–22.00 Uhr
(telefonische Platzreservierung erwünscht)

Restaurant Aubele (am Straßenahnmuseum),
Gemarkenstraße 173, 51069 Köln-Thielenbruch,
Tel. 0221 63071000, www.aubeles-restaurant.de
Di.–So. 11.00–23.00 Uhr, Mo. Ruhetag

Museen & Sehenswürdigkeiten 

Stammheimer Schlosspark,
Stammheimer Hauptstraße, 51061 Köln
(ganzjährig geöffnet / wechselnde Kunst- und
Skulpturenaustellungen im Park)

Japanischer Garten, Kaiser-Wilhelm-Allee, 51373 Leverkusen,
Apr.–Okt. Mo.–Fr. 9.00–20.00, Sa./So. 9.30–20.00 Uhr,
Nov.–März: Mo.–Fr. 9.00–16.30, Sa./So. 9.30–17.00 Uhr

Straßenbahnmuseum, Otto-Kayser-Straße 2c, 51069 Köln,
Tel. 0221 2834771, www.hsk.koeln.de
Jeden 2. Sonntag im Monat (außer Jan./Feb.) 11.00–17.00 Uhr

Freizeiteinrichtungen

Waldbad Köln-Dünnwald, Peter-Baum-Weg 20, 51069 Köln,
Tel. 0221 6001588, www.waldbad-camping.de
Mo.–So. 9.00–19.00 Uhr (nur im Sommer geöffnet)

Auf Stippvisite in der Abtei Brauweiler

Tour 7

4:30 Std.

27 km

241 m

leicht

Auf einen Blick

Start/Ziel
Museum für Ostasiatische Kunst

ÖPNV
Stadtbahnlinie 1 und 7, Haltestelle Universitätsstraße

Strecken-Charakteristik
In Brauweiler gibt es einen moderaten Anstieg, ansonsten flach, unterwegs auf Asphalt, Park- und Feldwegen, Radwegen/Radstreifen, meistens verkehrsarm. Für Kinderanhänger geeignet

Sehenswert
Haus Belvedere, Aussichtsturm Landschaftspark Belvedere, Abtei Brauweiler mit Abteikirche und Abteigarten, Lindenthaler Tierpark, Museum für Ostasiatische Kunst

Essen & Trinken
Einkehrmöglichkeiten in Brauweiler, Junkersdorf und am Start bzw. Ziel

Lindenthaler Kanal

Vorherige Seite: Innenhof der Abtei Brauweiler

Auf Stippvisite in der Abtei Brauweiler

Rundtour im Kölner Westen

Die prächtige Abtei Brauweiler steht im Zentrum dieser Tour, die uns vor die Tore Kölns führt. Über die Lindenthaler Kanäle und den Stadtwald fahren wir zunächst bis nach Müngersdorf. Im ländlich geprägten Widdersdorf erfahren wir, warum so viele Familien hier wohnen möchten und nach einem Umtrunk in Brauweiler erkunden wir gestärkt die sehenswerten Abteikirche. Weiter führt uns die Tour über Lövenich und Weiden durch Alt-Junkersdorf. Am idyllischen Adenauer Weiher kommen wir zum Lindenthaler Tierpark und zurück geht es zum Museum für Ostasiatische Kunst, wo die einfach zu fahrende Rundtour endet.

Wir starten vor dem **Museum für Ostasiatische Kunst** und müssen zuerst auf die gegenüberliegende Seite der breiten Universitätsstraße kommen. Dort befindet sich der **Lindenthaler Kanal,** an dem entlang wir auf einem Schotterweg weiterfahren. Der Lindenthaler Kanal stellt eine radiale Verbindungsachse zwischen Äußerem und Innerem Kölner Grüngürtel her. Die Achse ist Teil des Generalbebauungsplans, den der Stadtplaner Fritz Schumacher Anfang der 1920er-Jahren für Köln entwickelt hat. Die Umsetzung und der Bau der Kanäle und Parkanlagen fand durch den Gartenbaudirektor Fritz Encke im Jahr 1923 statt. Der Kanal ist auch heute noch eine beliebte Strecke zum Erholen und Spazierengehen. Im **Kölner Stadtwald** angekommen kreuzen wir die **Militärringstraße,** um später in den Ortskern von **Müngersdorf** zu gelangen. Die Pfarrkirche St. Vitalis bildet zusammen mit dem historischen Häuserensemble den ursprünglichen Dorfkern von Müngersdorf. Es geht weiter auf der Belvederestraße, wo wir leicht bergan kurbeln. Die Erhebung ist eine Mittelterrassenkante des Rheins. Sie ist am nahe gelegenem Alten Miltärring als fünf bis fünfzehn Meter hohe Böschung erkennbar. Müngersdorf liegt weit entfernt vom Rhein, die Kante zeigt, welche Dimensionen das Rheintal beziehungsweise der Fluss in der früheren Erdgeschichte gehabt haben muss. Am Scheitelpunkt angekommen überqueren wir die Bahnlinie Aachen–Köln. Seitlich davon steht das **Haus Belvedere,** das früher als Empfangsgebäude des dortigen Bahnhofs diente. Das klassizistische Gebäude wurde 1839 errichtet und ist das älteste erhaltene Bahnhofsgebäude Deutschlands. Hinter einem kleinen Wald öffnet sich die Landschaft und wir fahren bis zur Ampelkreuzung, um der rot-weißen Radwegbeschilderung Richtung Widdersdorf zu folgen. Unterwegs treffen wir auf einen **Aussichtsturm** aus Stahl. Von hier oben hat man einen schönen Rundumblick auf die weiten Felder, kleinen Waldflächen und die äußeren Siedlungsgebiete von Köln-Lövenich, aber auch auf die nahe gelegene Autobahn. Der Aussichtsturm ist Teil des 300 Hektar großen **Landschaftsparks Belvedere,** der 2014 entstanden ist und zum Äußeren Grüngürtel gehört. **Widdersdorf** hat in den letzten 25 Jahren eine umwälzende Entwicklung erfahren. Zählte der Ort in den 1950er-Jahren noch 800 Einwohner, sind es heute bereits über 11.000 Menschen. Die hauptsächlich jungen Familien, die dort leben, möchten zwar stadtnah, aber dennoch im Grünen wohnen. Im Ort bietet sich die Einkehr in die rustikale Kneipe **„Em Övvje"** an, wo eine gut bürgerliche Küche geboten wird. Hinter dem historischen Ortskern fahren wir über die für den Autoverkehr gesperrte Hauptstraße weiter. Stressfrei kurbeln wir über Feldwege durch eine von Acker- und Feldwirtschaft geprägte Landschaft. In Pulheim-Brauweiler fahren wir leicht bergan vorbei am **Restaurant Mathildenhof** und weiter bis vor die Tore der **Abtei Brauweiler.** Die Klosteranlage ist eine ehemalige Benediktinerabtei und hat ihre Ursprünge im 11. Jahrhundert. Eines der markantesten Gebäude ist die **Abteikirche St. Nikolaus,** mit ihren sechs Türmen, wovon der Westturm 67 Meter hoch in den Himmel ragt. Daneben umschließen die barocken **Prälaturgebäude** insgesamt drei großzügig gestaltete Innenhöfe.

Seit dem 19. Jahrhundert hat die Anlage einige nutzungsbedingte Änderungen erfahren. Damals mussten die Benediktiner ihr Kloster unter der französischen Besatzungsherrschaft verlassen. Napoleon löste 1802 im Zuge der Säkularisation Klöster und Stifte im Rheinland auf. Heute sehen die Gebäude nach denkmalkonformen Rückbauten und Restaurierungen wieder so aus wie zuvor.

Idyllischer Winkel in Müngersdorf

In der Zeit des Nationalsozialismus diente die Anlage, die bereits seit dem 19. Jahrhundert auch als psychatrische Anstalt genutzt wurde, als Gestapo-Gefängnis und zwischenzeitlich auch als Konzentrationslager. Ein dunkles Kapitel in der Geschichte der Abtei, die sich uns heute als friedlicher Ort präsentiert.

Auf dem Weg in den **Abteigarten** erkennen wir die ganze Pracht der romanischen Klosterkirche. Zur Hauptstraße hin liegt der unscheinbare Eingangsbereich. Geht man rechts davon an dem Gebäude vorbei, erfasst man im hinteren Bereich dessen Ausmaße besser. Die Garten- beziehungsweise Parkanlage ist aber nicht minder beeindruckend: Zwischen dem alten Baumbestand und den Abteigebäuden liegen Ruheinseln mit Parkbänken. Es ist ein schöner Ort zum Verweilen.

Wir fahren über die Brauweiler Straße auf einem straßenbegleitenden Radweg einige Kilometer bis in den Ortsteil **Lövenich.** Hinter dem alten Lövenicher Ortskern und der Eisenbahnunterführung (S-Bahnhalt) radeln wir über die Goethestraße bis zur Aachener Straße. Wir sind jetzt in **Weiden** und bewegen uns auf ruhige Nebenstraßen bis zur Autobahnüberquerung, um nach **Junkersdorf** zu kommen. Leicht bergab fahren wir in den historischen Ortskern von Junkersdorf hinein und folgen der schmalen Straße. Dabei passieren wir die „Alte Dorfkirche", die bis Anfang des 20. Jahrhunderts die

Der historische Burghof in Widdersdorf beherbergt heute einen Reiterhof.

Der prächtige Bau der Abtei Brauweiler

Hauptkirche im Dorf war. Aufgrund steigender Bevölkerungszahlen baute man in der Nähe eine größere Kirche und übertrug die Pankratius-Schutzherrschaft auf diese. Wenig später fahren wir zwischen dichten Baumreihen durch die Statthalterhofallee. Spätestens hier erkennen wir, dass Köln-Junkersdorf Teil des Äußeren Grüngürtels ist. Darüber hinaus ist es auch ein beliebtes Wohngebiet für Kölner mit höherem Einkommen. Am idyllisch gelegenen **Adenauer Weiher** können wir es uns für eine Verschnaufpause auf einer Parkbank bequem machen und den See und die Wasservögel beobachten. Alternativ kann man auch im nahe gelegen **Birkenhof** einkehren. Nach der Rast folgen wir dem Seeufer auf einem Schotterweg im Halbkreis bis zur anderen Seite. Dort geht es im Grüngürtel durch Waldbereiche und über große Wiesenflächen weiter zu einer Bogenbrücke. Nach dem Queren der **Militärringstraße** biegen wir rechts ab und folgen dem geteerten Parkweg bis zum **Lindenthaler Tierpark.** Der Tierpark ist ein bekanntes Ausflugsziel für Familien, und in der Woche kommen auch gern Kindergartengruppen zu Besuch. Auf dem großen Areal gibt es zahlreiche Tiere zu sehen: Neben Damwild leben dort unter anderem auch Ziegen, Schafe, Hochlandrinder und Pfaue. Nach diesem tierischen Aufenthalt machen wir uns auf, um die letzten Kilometer der Rundtour in Angriff zu nehmen. Vom Stadtwald aus kommen wir wieder auf den uns bekannten Geh- und Fahrradweg seitlich des **Lindenthaler Kanals.** Dahinter müssen wir auch dieses Mal wieder einen Schlenker Richtung Ampelkreuzung machen, um die Universitätsstraße zu überqueren. Ab dort rollen wir bis zum **Museum für Ostasiatische Kunst** aus. Zum Abschluss bietet sich ein Besuch des Museums an, das eine umfangreiche und bedeutende Kunstsammlung aus China, Korea und Japan beherbergt. Im angeschlossenen **Café mit Seeterrasse** können wir den Tag mit Blick auf den Aachener Weiher ausklingen lassen.

Abteikirche St. Nikolaus

Kurz & knapp

Vor Museum für Ostasiatische Kunst stehend wenige Meter zur großen Ampelkreuzung Aachener Straße/Universitätsstraße fahren, dort links über Universitätsstraße und auf anderer Seite links bis Clarenbachstraße (Radweg/300 m), dort zuerst halbrechts auf unbefestigten Weg, dann geradeaus dem Kanal folgen. An Brucknerstraße links abbiegen (rot-weißer Radwegbeschilderung folgen), nach 400 m rechts abbiegen (Wasserfontaine) und geradeaus weiter am Kanal bis Stadtwaldgürtel (Ampel), dort Straße/Schienen queren, dahinter weiter geradeaus weiter bis Zugang Stadtwald (Fürst-Pückler-Straße). Nach 50 m im Stadtwald halbrechts der Marcel-Proust-Promenade folgen (breiter, geteerter Weg), zuerst die Kitschburgerstraße queren, weiter geradeaus, dann Bahngleise queren. 150 m hinter Bahngleise den zweiten Weg rechts abbiegen, dort um Skaterpark im Halbbogen vorbei und bergan bis Militärringtraße, diese queren, auf anderer Straßenseite rechts Radweg folgen und geradeaus Richtung Müngersdorf (rot-weiße Radwegbeschilderung, 0,6 km) rollen. Nach Queren der Aachener Straße links auf Radweg, dann rechts in Straße „Auf dem Hügel" einbiegen, geradeaus bis Wendelinstraße, dort rechts und dem Straßenverlauf folgen, an Kirche vorbei bis Belvederestraße fahren. Links in Belvederestraße einbiegen zuerst bergan, später Bahngleise queren, durch Waldbereich bis Gregor-Mendel-Ring (große Ampelkreuzung). Auf gegenüberliegender Straßenseite links auf Wirtschaftsweg abbiegen (rot-weiße Radwegbeschilderung, Brauweiler 7,1 km) und geradeaus folgen, zuerst durch Landschaftspark Belvedere, dann Autobahn unterqueren, dann „Auf der Aspel" geradeaus weiter (rot-weißer Radwegbeschilderung folgen). In Widdersdorf „Unter Linden" kreuzen und geradeaus über autofreien Fuß-/Radweg bis Straße „Zum Neuen Kreuz" rollen und weiter geradeaus bis Hauptstraße. An Hauptstraße links abbiegen, geradeaus bis Kreisverkehr, dort erste Möglichkeit rechts und Hauptstraße weiter folgen, später auf autofreier Hauptstraße Chryslerstraße queren, geradeaus auf asphaltiertem Feldweg bis Brauweilerstraße, dort rechts abbiegen. Hinter großer Kreuzung über Radweg geradeaus auf Mathildenstraße nach Brauweiler, leicht bergan bis zur Abtei fahren.

Rückfahrt: Vor Tordurchfahrt zum Innenhof (weiß-rotes Abteigebäude) stehend zuerst links an Abtei entlang, dann rechts durch

Parkeingang, vorbei an Abteikirche in Park reinfahren, nach 250 m **rechts** abbiegen an Werkstätten vorbei, dahinter **links** auf Allee abbiegen und bergab **geradeaus** bis Helmholtzstraße, dort **rechts** auf Helmholtzstraße und **geradeaus** weiter. **Links** in Donatusstraße (rot-weiße Radwegbeschilderung Richtung Köln) einbiegen und Straßenverlauf bis Bonnstraße folgen, dort **rechts** auf Radweg weiter bis Kreuzung Brauweilerstraße (L 213), **links** abbiegen und auf Radweg Richtung Lövenich. Brauweilerstraße weiter folgen und durch Lövenich fahren, später hinter Bahnunterführung (S-Bahnhalt) **halbrechts** auf Goethestraße bis Aachener Straße, dort **links** abbiegen. Auf Radweg am Einkaufszentrum vorbei, dahinter **rechts** in Bunzlauer Straße einbiegen, dann **links** in Danzinger Straße, dann **rechts** in Stettiner Weg, hinter Ampelkreuzung weiter **geradeaus** auf Göttinger Straße fahren, nach 200 m **links** in Benfleetstraße einbiegen und **geradeaus.** Am Straßenende **rechts** in Ignystraße einbiegen, hinter Gartencenter der Vorfahrtsstraße nach **links** folgen, hinter Autobahnüberführung **geradeaus** durch Jungbluthgasse fahren. Nach 200 m Übergang in Wilhelm-von-Capitain-Straße, dann **rechts** in Straße „Am Schulberg" (Kirche) einbiegen bis Ende durchfahren, dann **links**, direkt wieder **links** in Statthalterhofweg einbiegen, **geradeaus,** nach 300 m **rechts** in Statthalterhof Allee einbiegen und **geradeaus** weiter. **Rechts** in Tiroler Weg, dann **links** in Donauweg und **geradeaus** fahren, am Straßenende **rechts,** dann **links** auf autofreien Fuß-/Radweg. Hinter Zebrastreifen **halbrechts** in Bert-Fenger-Straße (rot-weiße Radwegbeschilderung Richtung Lindenthal) fahren, dieser **geradeaus** bis Straßenende folgen, dann **halblinks** auf Waldweg fahren, zuerst **geradeaus,** dann **halblinks** zum Adenauer-Weiher. Halbkreisförmig um Weiher fahren (rot-weiße Radwegbeschilderung Richtung Lindenthal), nach 800 m Weiher verlassen, **geradeaus** auf Schotterweg Richtung Militärringstraße rollen, später Fußgängerbrücke (Bogenbrücke) über Militärringstraße schiebend nutzen. Hinter Brücke **rechts** in Marcel-Proust-Promenade biegen, dort **geradeaus,** später am Tierpark vorbei, dann Kitschburger Straße queren und **geradeaus** durch Park fahren. Hinter kleiner Bogenbrücke **rechts** abbiegen, **geradeaus** weiter auf Parkweg, nach 500 m den zweiten Parkweg **rechts** nehmen (Parkzugang/Fürst-Pückler-Straße). Nach Queren Gürtel und Schienen dem Weg am Kanal bis Universitätsstraße folgen, dort **rechts** über Radweg bis Kreuzung Dürener Straße, dort auf andere Seite Universitätsstraße wechseln und **links** Richtung Museum für Ostasiatische Kunst fahren.

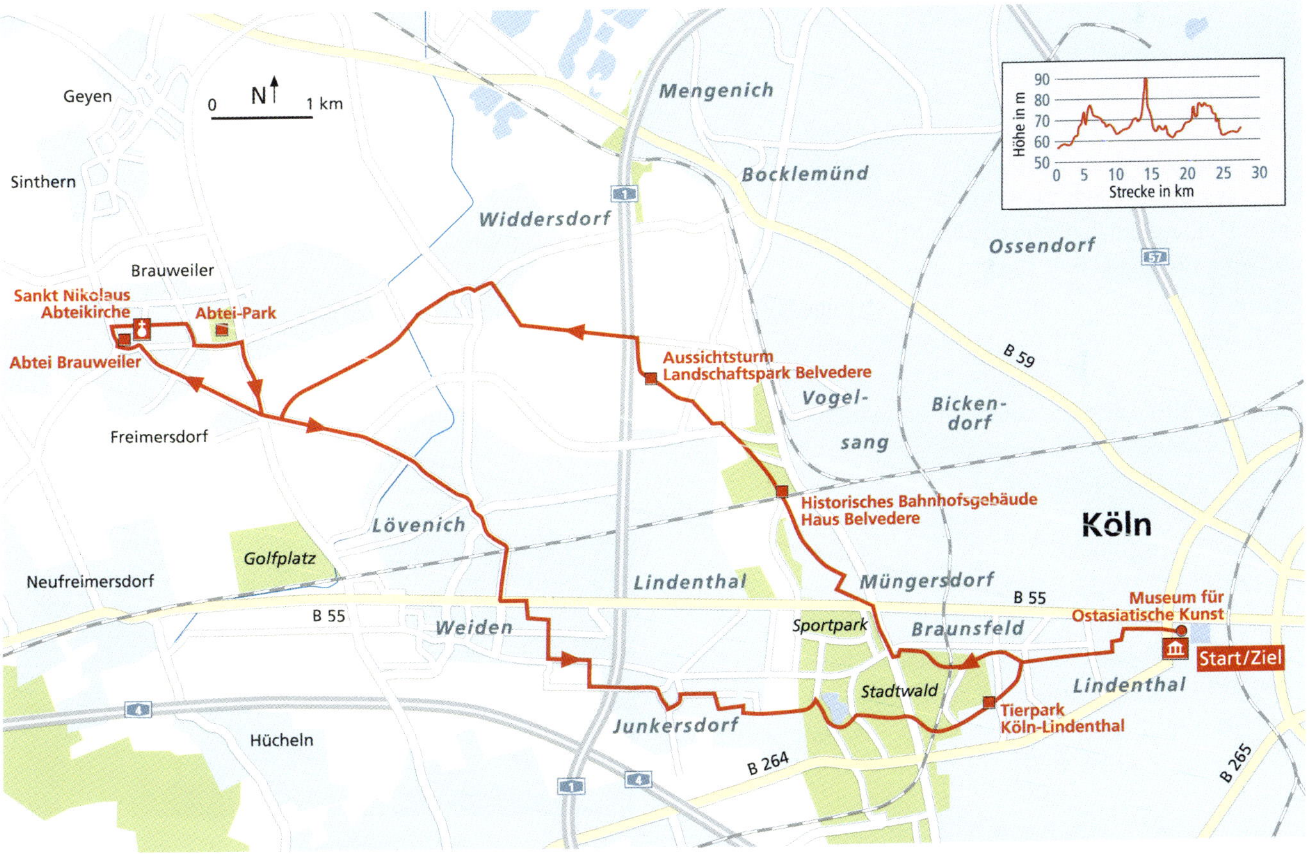

0 N 1 km

Geyen
Sinthern
Brauweiler
Sankt Nikolaus Abteikirche
Abtei-Park
Abtei Brauweiler
Freimersdorf
Neufreimersdorf
Golfplatz
Lövenich
B 55
Weiden
Hücheln
Widdersdorf
Mengenich
Bocklemünd
Ossendorf
Aussichtsturm Landschaftspark Belvedere
Vogel-sang
Bicken-dorf
B 59
Historisches Bahnhofsgebäude Haus Belvedere
Köln
Lindenthal
Müngersdorf
B 55
Sportpark
Braunsfeld
Museum für Ostasiatische Kunst
Start/Ziel
Stadtwald
Lindenthal
Tierpark Köln-Lindenthal
Junkersdorf
B 264
B 265

Höhe in m: 90, 80, 70, 60, 50
Strecke in km: 0, 5, 10, 15, 20, 25, 30

Einkehrmöglichkeiten 

Em Övvje, Hauptstraße 15, 50859 Köln-Widdersdorf, Tel. 0221 504725, Mo./Di. 16.00–00.00, Do. 16.00–00.00, Fr. 16.00–1.00, Sa. 11.00–1.00 Uhr

Restaurant Mathildenhof, Mathildenstraße 30, 50259 Pulheim-Brauweiler, Tel. 02234 803662, www.hotel-mathildenhof.de Di.–Sa. 17.30–21.00, So. 12.30–15.00/17.30–21.00 Uhr, Mo. Ruhetag

Birkenhof, Birkenallee 32, 50858 Köln-Junkersdorf, Tel. 0221 9483158, www.birkenhof.koeln.de Mo.–So. 12.00–00.00 Uhr

Freizeiteinrichtungen 

Lindenthaler Tierpark, Marcel-Proust-Promenade 1, 50935 Köln, Tel. 02233 9630661, www.lindenthaler-tierpark.de März/Okt. Mo.–So. 9.00–18.00 Uhr, Apr./Sept. Mo.–So. 9.00–19.00 Uhr, Mai–Aug. 9.00–20.00 Uhr, Nov.–Feb. Mo.–So. 9.00–17.00 Uhr

Museen & Sehenswürdigkeiten 

Abtei Brauweiler, Ehrenfriedstraße 19, 50259 Pulheim, Tel. 02234 9854302, www.abteibrauweiler.lvr.de Mo.–So. 7.00–19.00 Uhr (Innenhöfe), Di.–Fr. 10.00–17.00, Sa. 9.00–12.00/14.00–18.00, So. 14.00–19.00 Uhr (Abteikirche)

Museum für Ostasiatische Kunst Köln, Universitätsstraße 100, 50674 Köln, Tel. 0221 22128617, www.museum-fuer-ostasiatische-kunst.de Di.–So. 11.00–17.00 Uhr, jeden 1. Donnerstag im Monat (außer Fei.) 11.00–22.00 Uhr

Adenauer Weiher

Schloss, Papier und Mühlen

Tour 8

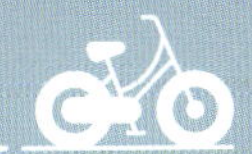

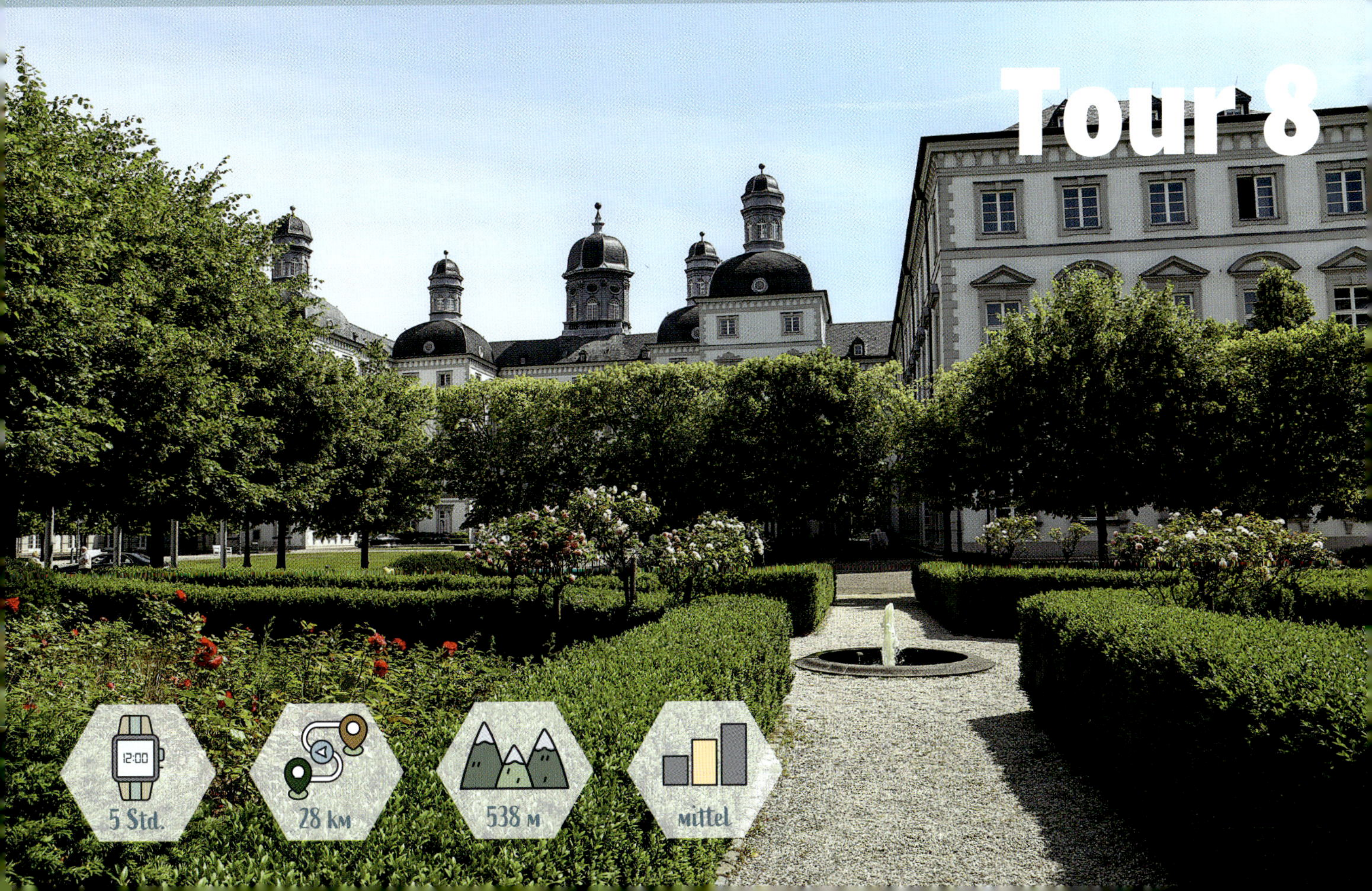
12:00
5 Std.
28 km
538 m
mittel

Auf einen Blick

Start
Stadtbahnhaltestelle Bensberg

ÖPNV
Stadtbahnlinie 1, Haltestelle Bensberg; Haltestelle Wiener Platz (verschiedene Stadtbahnlinien)

Sehenswert
Schloss Bensberg, historischer Ortskern Bensberg, Strundequelle, LVR-Industriemuseum Papiermühle Alte Dombach, Strunder Mühle

Essen & Trinken
Unterwegs gibt es diverse Einkehrmöglichkeiten, z. B. in Bensberg, Herkenrath, Herrenstrunden oder Köln-Dellbrück

Ziel
Mülheimer Brücke in Köln-Mülheim

Strecken-Charakteristik
Anfänglich bis ins Strundetal leicht wellig, danach durchgehend flach, unterwegs auf Radwegen/Radstreifen, Nebenstraßen, Forstwegen, Park- und Feldwegen, zum Schluss in Köln-Mülheim sehr verkehrsreich

Tipp!
Für das interessante Industriemuseum Papiermühle Alte Dombach mindestens eine Stunde Zeit einplanen. Man kann dort auch Führungen buchen.

Vorherige Seite: Schloss Bensberg

Schloss, Papier und Mühlen

Vom Bergischen zurück nach Köln

Der Strunder Bach oder auch „Strunde" genannt, ist rund 20 Kilometer lang und auf dieser Tour erfahren wir, warum er einst der „fleißigste Bach" Deutschlands war. Vom Bensberger Schloss aus rollen wir fast steigungsfrei über Herkenrath bis zu seiner Quelle nach Herrenstrunden. Nach einer köstlichen Bergischen Waffel folgen wir gestärkt seinem Lauf durch das flache Strundetal bis Bergisch Gladbach. Unterwegs passieren wir die ehemalige Dombacher Papiermühle, die Gierather Mühle und die Schweinheimer Mühle. Der Strunde-Radweg führt uns weiter in die Kölner Stadtteile Dellbrück, Holweide, Buchforst und Mülheim, wo der Bach schließlich in den Rhein mündet und die abwechslungsreiche Tour endet.

Wir starten in **Bensberg** an der Stadtbahnhaltestelle der Linie 1. Während unserer Anfahrt zur Quelle der Strunde erhalten wir auf steigungsarmen Wegen schöne Einblicke ins Bergischen Land. Doch in Bensberg wird es erstmal sportlich, denn wir fahren – oder schieben – eine kurze Kopfsteinpassage hinauf zum **Bensberger Schloss.** Diese Stelle ist beim jährlich stattfindenden Radrennen „Rund um Köln" ein besonderes

Kirche St. Antonius Abbas in Herkenrath

Highlight: Denn entlang des kurzen aber kräftezehrenden Anstiegs stehen die Zuschauer nah bei den Rennfahrern und feuern sie eifrig an. An klaren Tagen kann man von hier oben bis weit in die Kölner Bucht schauen. Das Schloss Bensberg wurde 1705 von Kurfürst Johann Wilhelm II. als Jagdschloss erbaut. Die prächtige barocke Anlage befindet sich heute in Privatbesitz und beherbergt ein Luxushotel und ein Sternerestaurant.

Der Biergarten Alte Dombach

Gärten an der Papiermühle Alte Dombach

Zahlreiche nationale und internationale Stars waren hier zu Gast. Wenn keine Veranstaltungen auf dem Gelände stattfinden, ist der Zugang zu den Gebäuden und Gärten möglich. Von dort aus radeln wir in einem kleinen Schlenker durch den **historischen Ortskern** von Bensberg, wo das **Gasthaus Wermelskirchen** mit Biergarten zu einer ersten Erfrischungspause einlädt. Kurz darauf gelangen wir nach **Bergisch Gladbach-Moitzfeld.** An der großen Ampelkreuzung biegen wir links auf den straßenbegleitenden Radweg ab und rollen einige Kilometer entlang der Landstraße Richtung **Bergisch Gladbach-Herkenrath.** An der ersten Fußgängerampel biegen wir rechts in die Straße „Hecken" ein und folgen dieser, die dann „In Frohnhof" übergeht. Gegenüber der Kirche **St. Antonius Abbas** gibt es die Möglichkeit, im Gasthaus **„Am alten Frohnhof"** einzukehren, das in einem urigen Fachwerkhaus untergebracht ist. Bei einer frischen Bergischen Waffel können wir uns auf die bevorstehende Abfahrt freuen. Der kurze Hombach quellt unterhalb der Kirche und mündet in die Strunde – wir sind also kurz vor dem Strundetal. Über den **Hombacher Weg** geht es bergab durch ein waldreiches Gebiet bis kurz vor **Herrenstrunden.** Die Quelle der Strunde erreichen wir nach der Ortsdurchfahrt auf der rechten Seite. Die letzten Meter folgen wir das Fahrrad schiebend den Schildern bis zum Wasserbecken. Es ist nur eine symbolische Quelle, denn die

Wiege der Strunde befindet sich weiter oberhalb und ist weniger zugänglich. Das symbolische **Quellbecken** wird aber mit Strundewasser aus unterirdischen Wasseradern gespeist. Zum Rasten gibt es dort einige wenige Sitzmöglichkeiten. Ein schöner Ort, um sich mit dem mitgebrachten Proviant zu stärken. Alternativ gibt es in dem kleinen Ort auch diverse **Cafés und Restaurants.** Wir folgen dem Bach durch das **Strundetal** in Richtung Bergisch Gladbach. Über einen schönen Waldweg rollen wir gemütlich durch eine malerische Auen- und Waldlandschaft; lediglich der Straßenlärm im engen Tal ist manchmal zu hören. An der ehemaligen **Papiermühle Alte Dombach** verweilen wir, denn hier befindet sich das größte Papiermuseum Deutschlands. Im Museum erfahren wir, wie zu früheren Zeit und heute noch Papier hergestellt wird. Wer mag, kann dies auch selbst einmal ausprobieren. Auf dem Areal befinden sich neben den **historischen Mühlengebäuden** mit einem **Wasserrad** auch ein Spielplatz. Eine Stärkung gibt's im **Café Alte Dombach,** das mit einem schönen Biergarten geradezu zu einer Pause einlädt. Die Strunde ist mit 20 Kilometer Länge ein relativ kurzer Bach. Von ihrer Quelle in Herrenstrunden bis zur Mündung in den Rhein überwindet sie rund 200 Meter Höhenunterschied. Auf dieser kurzen Strecke gab es in vorindustrieller Zeit insgesamt 50 Mühlen, die durch die Wasserkraft der Strunde angetrieben wurden. Kein Wunder, dass dieser Bach als mit „fleißigster Bach Deutschlands" beschrieben wird. In **Bergisch Gladbach** verlor sich lange Zeit die Spur der Strunde, bis man in den 1990er-Jahren Teile des kanalisierten Bachs freilegte. Daher können wir auch in der Innenstadt Bergisch Gladbachs bis kurz vor das **Kunstmuseum Villa Zanders** am Bach entlangfahren. Dahinter verstummt das Plätschern des Baches wieder für viele Kilometer.

Unsere Route führt uns nun durch die **Gartensiedlung Gronauerwald** im Bergisch Gladbacher Ortsteil Gronau. Die malerische Siedlung wurde Anfang des 20. Jahrhunderts im Zuge der Gartenstadtbewegung für die Arbeiter der Papierfabrik Zanders gebaut. Wir orientieren uns an den blau-gelben Schildern des **Strunde-Radwegs** und können nur erahnen, wo der Bach entlangfließt. Erst im Randgebiet der Stadt erblickt der Fluss wieder das Tageslicht. Früher war der Thielenbrucher Forst, durch den wir jetzt fahren, ein Sumpfgebiet, in dem der Strunder Bach versickerte. Aus wirtschaftlichen Gründen verlängerte man den Bach künstlich bis zum Rhein. Wir fahren im Bergisch Gladbacher Stadtteil Gierath abwechselnd durch Wohn- und Waldgebiet und sehen immer wieder die Koppeln der dortigen Pferdehöfe. Das Auffinden der Strunde könnte einer Schnitzeljagd ähneln, wären auf der Strecke nicht die rechteckigen Hinweisschilder des Strunde-Radwegs. Man hat sich schnell an

Die Strunde an der Gierather Mühle

sie gewöhnt und bekommt unterwegs einen Blick dafür, wo sie angebracht sein könnten. Die gesamte Strecke ist bis auf wenige Ausnahmen vollständig mit Schildern bestückt. Vor historischen Gebäuden oder wichtigen Haltepunkten sind zusätzlich auch Informationstafeln aufgestellt, wie etwa bei der **Gierather Mühle,** die um 1400 erstmals als Walkmühle Erwähnung fand, später aber als Getreidemühle genutzt wurde oder dem ehemaligen Rittersitz **Thurner Hof** im Kölner Stadtteil **Dellbrück.** Übrigens: Der Name „Dellbrück" lässt sich auf die Strunde zurückführen, über die man früher „Dellen" (Holzdielen) zum Überqueren legte. Wer dort eine Rast einlegen möchte, kann dies im **Brauhaus Dellbrück** tun, es liegt in der Nähe der Hauptroute.

In **Holweide** angekommen sehen wir die Strunde auf der Schweinheimer Straße direkt neben uns fließen, sie ist hier allerdings in ein Betonkorsett eingezwängt. Lange Zeit befand sich hier die Schweinheimer Mühle. Heute sehen wir dort ein stillgelegte Werksgelände, wo man bis 2009 noch Spezialpapier herstellte. Wir fahren weiter über **Buchforst** bis ins Stadtgewirr von **Mülheim** hinein. Unsere Route führt uns dort zwar über Nebenstraßen, doch Mülheim ist ein Kölner Ortsteil mit hoher Bevölkerungsdichte, dementsprechend ist hier immer viel los. Die Strunde, unserer treuer Begleitet dieser Tour, ist schon seit vielen Kilometern kanalisiert und nicht mehr zu sehen. Auch an der Mündungsstelle in den **Rhein** zeigt sie sich nicht. So verabschieden wir uns vom einst fleißigsten Bach Deutschlands ohne ihn zu sehen und beenden die Tour an der Mülheimer Brücke.

Kurz & knapp

Von Ausgang Stadtbahnhaltestelle Bensberg (Rolltreppe) **rechts** durch Unterführung, hinter Auffahrrampe **links** in Gartenstraße, dann **links** auf Schloßstraße, **geradeaus** (800 m), später in Schloßstraße **rechts** einbiegen, bergan (Kopfsteinpflaster) zum Bensberger Schloss fahren. An T-Kreuzung **rechts** in Kadettenstraße einbiegen (zur Schlossbesichtigung **geradeaus**), dann **rechts** in Straße „Markt", wenige Meter weiter **links** über Fischbachstraße durch historischen Ortskern bis Gasthaus Wermelskirchen, dort **rechts,** dann **links** in Burggraben bis Querstraße, dort **links** in Wipperfürter Straße einbiegen, dieser einige Kilometer **geradeaus** bis Bergisch Gladbach-Moitzfeld folgen. Über Straße „Moitzfeld" bis große Kreuzung (Dr.-Müller-Frank-Straße), dort **links** abbiegen, auf straßenbegleitendem Radweg einige Kilometer bis Herkenrath fahren. In Bergisch Gladbach-Herkenrath an erster Ampel **links** in Straße „Hecken" einbiegen und Straßenverlauf folgen. Über „Im Frohnhof" (hinter Ampelkreuzung) und „Im Wiedenhof" (leicht bergab) bis Hombacher Weg, dort **links** halten, weiter auf Hombacher Weg (Wald) bis Kürtener Straße (T-Kreuzung) fahren, dort **rechts** Richtung Herrenstrunden abbiegen. Herrenstrunden durchfahren, vor Ortsausgang (gegenüber Malteser Komturei) **halbrechts** über kleinen Weg (Parkplatz) fahren, wenige Meter bis zur Quelle der Strunde schieben. Über die Kürtener Straße zurück durch Herrenstrunden, **geradeaus** Richtung Bergisch Gladbach fahren. 800 m hinter Ortsausgang Landstraße verlassen (Höhe Waldrand) und **rechts** auf Schotterweg biegen, Strunde über Holzbrücke queren, Waldweg bis Alte Dombach/ Papiermuseum folgen. Dort **halbrechts** auf Waldweg (führt seitlich am Museum vorbei/zum Museum **halblinks** halten) weiter bis Bergisch Gladbach, dort endet Waldweg und leitet auf Straße „Am Mühlenberg" über. **Geradeaus** bis Ampelkreuzung, dort **links** (Odenthaler Straße), nach 20 m **rechts** (Zufahrt Parkplatz), vor Schranke **halbrechts** auf Parkweg rollen, **geradeaus,** dann **links** auf Buchmühlenstraße, nach 100 m Hauptstraße queren, **geradeaus** durch Park weiter, dahinter 200 m **geradeaus** bis Kunstmuseum Villa Zanders.

Vor Eingang Kunstmuseum stehend **links** bis Straße „Schnabelsmühle", **rechts** zum Kreisverkehr, dort **links** Schnabelsmühle queren und auf Bensberger Straße **geradeaus** weiter (Radweg). In Höhe „An der Jüch" (Ampel) **rechts** auf schmalen Fuß-/Radweg abbiegen, nach 200 m **halbrechts** auf Friedrich-Westphal-Weg, dann **links** (Heidkamper Straße), dann rechts über Braunkohlestraße geradeaus in Grüner Weg fahren. Nach wenigen Metern rechts in Gronauer Waldweg (Gartensiedlung Gronau) und geradeaus bis Refrather Weg. Links auf Refrather Weg, hinter Bahnunterführung (gegenüber Finanzamt) halbrechts auf Schotterweg (ehemalige Stadtbahntrasse Linie G), blau-gelben Schildern folgen, später auf schmalen Weg am Waldrand bis Gierather Straße rollen. Kurz auf Gierather Straße fahren, dann halbrechts in „Am Dännekamp", geradeaus, dann links in Schlodderdicher Weg, nach 100 m rechts (Klinik), geradeaus auf Wirtschaftsweg (Strunde queren) Richtung Wald fahren. Am ersten Waldweg links abbiegen, nach 200 m links (blau-gelben Schild), an Gierather Mühle vorbei, dahinter rechts in „Thielenbrucher Hof" einbiegen und bis Waldweg folgen, dort links, nach 20 m halblinks seitlich am Bach weiter, nach 400 m links über Holzbrücke, dann geradeaus vorbei an Strunder Mühle (Mühlenhofsweg). Rechts auf Gierather Straße biegen, die später in Hardthofstraße übergeht, nach 300 m rechts auf Parkweg (Drängelgitter), diesem folgen, vorbei an Hardtmühle (Infoschild) und Thurner Hof bis Mielenforster Straße, dort links abbiegen. Nach 100 m rechts (Schild Turnverein/Sportstätte) und Schotterweg folgen, hinter Tennisplatz halbrechts auf kurzen Schotterweg, Grafenmühlenweg queren und geradeaus durch Park. Nach Queren der Straße „Dellbrücker Mauspfad" weiter durch Park vorbei an Gut Iddelsfeld (Infoschild), mehrmals Drängelgitter (mit blau-gelben Schildern) passieren, an Neufelder Straße rechts abbiegen, dann links in Iddelsfelder Straße und geradeaus folgen. Über Schweinheimer Straße und Isenburger Straße bis Johann-Bensberg-Straße, dort links entlang des Landschaftsparks Isenburg, nach 200 m (Linkskurve) rechts in Wichheimer Straße, am Zebrastreifen rechts über schmale Holzbrücke in Park fahren, geradeaus weiter seitlich der Strunde. Im Park an T-Kreuzung zuerst links, dann rechts, dann links und geradeaus weiter, vorbei „Am Kreuzwasser" (Infoschild) bis Schlagbaumweg, dort rechts und über Brücke (Autobahn). Geradeaus bis Buchheimer Ring, dort links seitlich des Rings auf Radweg weiter, nach 300 m Ring queren, gegenüber auf Feldweg geradeaus (rot-weiße Radwegbeschilderung), später durch Park fahren. Hinter Spielplatz Stadtbahnschienen kreuzen (Drängelgitter), dann halbrechts, nach 20 m links in Arnsberger Straße (rot-weiße Radwegbeschilderung Richtung Rheinufer), die Frankfurter Straße kreuzen (Ampel), dahinter geradeaus, dann links in Sonderburger Straße (Bahnunterführung) fahren. Geradeaus weiter auf Sonderburger Straße zur Jan-Wellem-Straße (Mülheimer Stadtgarten), am Straßenende halbrechts auf Wiener Platz, dort links runter und durch Unterführung rollen. Dahinter halbrechts in Bachstraße einbiegen, dieser geradeaus bis Rheinufer folgen.

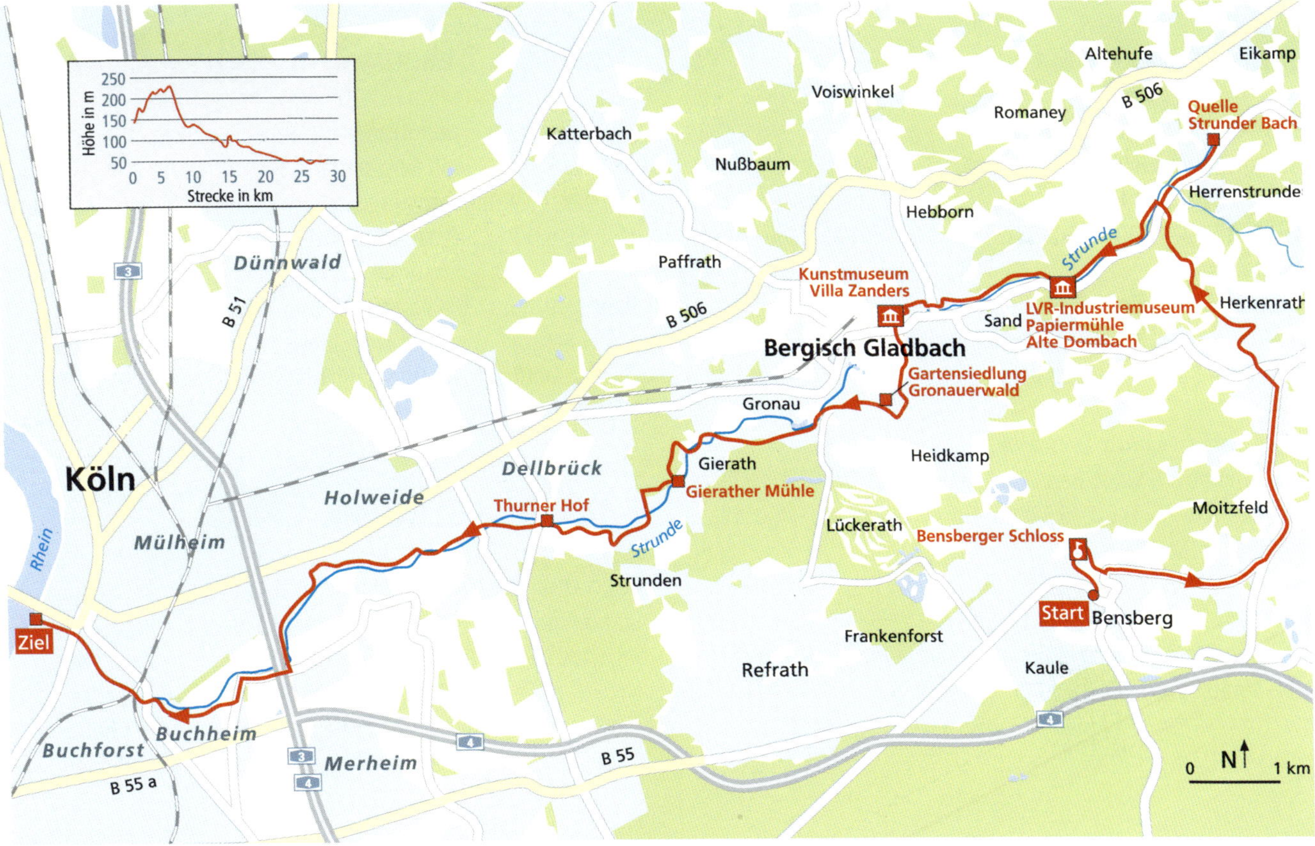

Höhe in m
250
200
150
100
50
0 5 10 15 20 25 30
Strecke in km

Altehufe
Eikamp
Voiswinkel
Romaney
B 506
Quelle Strunder Bach
Katterbach
Nußbaum
Herrenstrunde
Hebborn
Strunde
Dünnwald
Paffrath
Kunstmuseum Villa Zanders
B 51
B 506
Sand
LVR-Industriemuseum Papiermühle Alte Dombach
Herkenrath
Bergisch Gladbach
Gartensiedlung Gronauerwald
Gronau
Heidkamp
Gierath
Dellbrück
Köln
Gierather Mühle
Holweide
Thurner Hof
Moitzfeld
Lückerath
Bensberger Schloss
Rhein
Mülheim
Strunde
Strunden
Start
Bensberg
Ziel
Frankenforst
Refrath
Kaule
Buchheim
Buchforst
Merheim
B 55
B 55 a
0 N 1 km

Einkehrmöglichkeiten 

Gasthaus Wermelskirchen,
Burggraben 8, 51429 Bergisch Gladbach-Bensberg,
Tel. 02204 52564, www.gasthaus-wermelskirchen.de
Fr.–Di. 12.00–14.00/18.00–22.00 Uhr, Mi./Do. Ruhetage

Gasthof „Am alten Frohnhof",
Im Fronhof 21, 51429 Bergisch Gladbach-Herkenrath,
Tel. 02204 982699, www.am-alten-fronhof.de

Café/Biergarten Alte Dombach,
Alte Dombach 1, 51465 Bergisch Gladbach, Tel. 02202 2515309
Apr.–Okt. Di.–So. 11.00–18.30 Uhr, Mo. Ruhetag, Nov.–März Di.–Sa. 12.00–17.30, So. 11.00–17.30 Uhr

Brauhaus Dellbrück, Dellbrücker Hauptstraße 61, 51069 Köln,
Tel. 0221 92232855, www.brauhaus-dellbrueck.de
Mo.–So. 10.30–00.00 Uhr

Museen & Sehenswürdigkeiten 

LVR-Industriemuseum Papiermühle Alte Dombach,
Alte Dombach, 51465 Bergisch Gladbach,
Tel. 02234 9921300, www.industriemuseum.lvr.de
Mo.–Fr. 8.00–18.00, Sa./So. 10.00–15.00 Uhr

Kunstmuseum Villa Zanders, Konrad-Adenauer-Platz 8,
51465 Bergisch Gladbach, Tel. 02202 142304, villa-zanders.de
Di. + Fr. 14.00–18.00, Mi. + Sa. 10.00–18.00, Do. 14.00–20.00,
So. + Fei. 11.00–18.00 Uhr

E-Bike-Ladestationen 

Radstation Bergisch Gladbach,
Stationsstraße 3, 51465 Bergisch Gladbach,
Tel. 02202 9598978, www.radstation-gl.de
Mo.–Fr. 7.00–12.30, Fr. 14.30–18.30, Sa. 9.00–14.00 Uhr

Wo entlang geht´s zum Märchenwald?

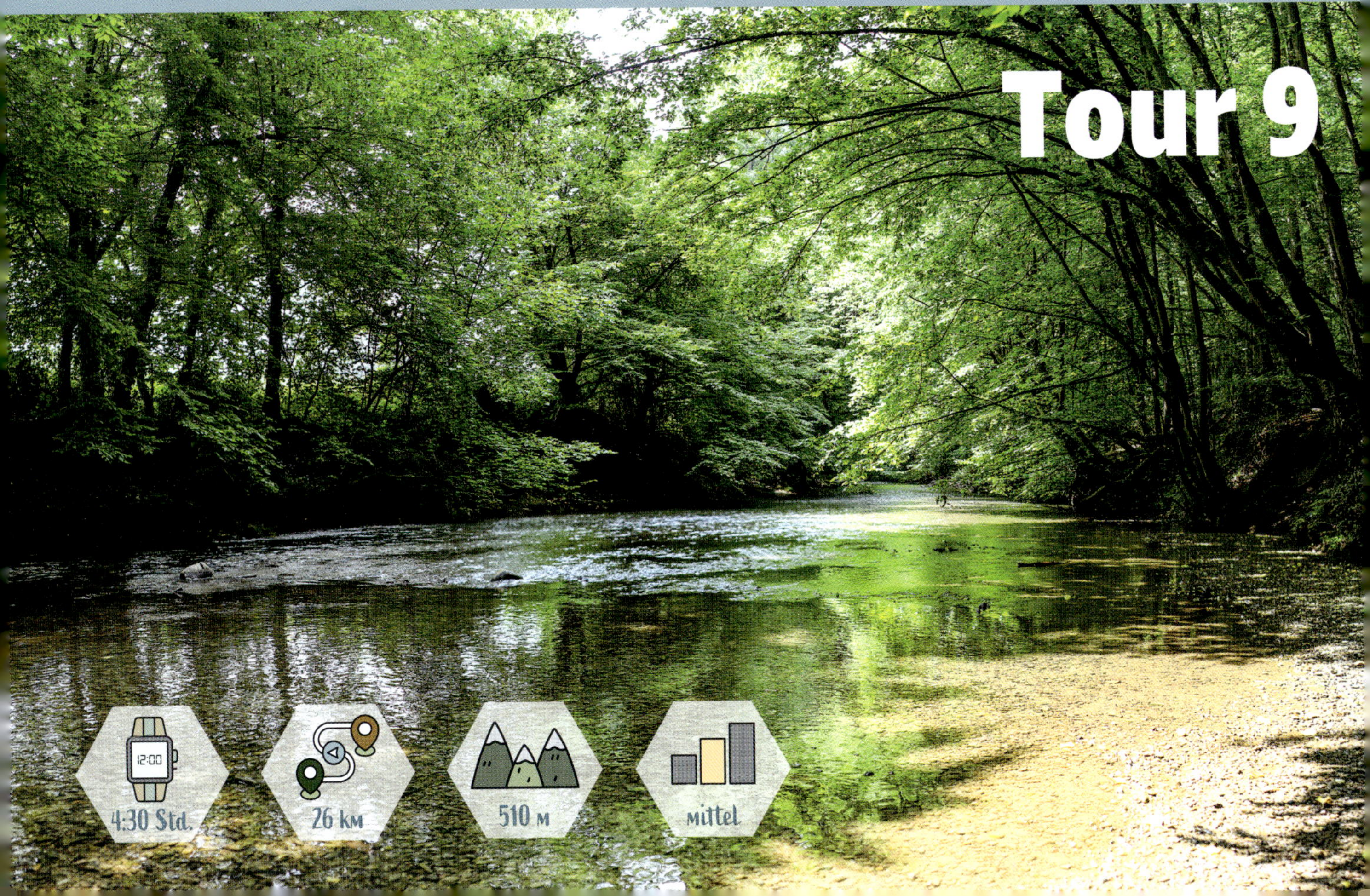

Tour 9

4:30 Std.

26 km

510 m

mittel

Auf einen Blick

Start
Stadtbahnhaltestelle Leverkusen-Schlebusch

ÖPNV
Stadtbahnlinie 4, Endhaltestelle Schlebusch; S-Bahn 11, Haltestelle Bergisch Gladbach

Sehenswert
Altenberger Dom, Märchenwald, Historischer Ortskern Odenthal, LVR-Industriemuseum Papiermühle Alte Dombach

Essen & Trinken
Es gibt einige Einkehrmöglichkeiten, z. B. in Odenthal, Altenberg oder Bergisch Gladbach

Ziel
S-Bahnhof Bergisch Gladbach

Strecken-Charakteristik
Größtenteils flach, zwischen Odenthal und Herrenstrunden mehrere An- und Abstiege, Wechsel Asphalt- und Schotteroberfläche, unterwegs auf Rad-, Forst- und Feldwegen

Tipp!
Wenn man von Odenthal zurück nach Leverkusen fährt, ist die Strecke auch für Familienausflüge geeignet (keine Steigungen). Wer hingegen mehr Kilometer machen möchte, verlängert die Tour ab Herrenstrunden und folgt von dort dem Streckenverlauf der Tour 8 bis Köln.

Vorherige Seite: Die Dhünn bei Odenthal

Wo entlang geht´s zum Märchenwald?

Ein Ausflug ins Bergische Land

Diese Streckentour führt uns ins schöne Bergische Land. Zuerst folgen wir auf ebenen Wegen der Dhünn bis nach Odenthal und weiter ins idyllisch gelegene Altenberg. Der prächtige Altenberger Dom und der verwunschene Märchenwald sind weit bekannt und bezaubern Alt und Jung. Zurück in Odenthal radeln wir im historischen Ortskern am brodelnden Hexenbrunnen vorbei. Ab jetzt wird die Tour sportlich, da wir einige Steigungen erklimmen. Wir kurbeln von Voiswinkel auf ruhigen Feldwegen bis nach Herrenstrunden. Über das LVR-Industriemuseum Papiermühle Alte Dombach erreichen wir Bergisch Gladbach, wo die Tour am S-Bahnhof endet.

Wir starten an der Stadtbahnhaltestelle **Leverkusen-Schlebusch** und fahren zuerst am Waldrand entlang durch ein Wohngebiet. Nach dem Queren der Bensberger Straße geht es am Friedhof vorbei, um dahinter in einer Linkskurve rechts auf einen Waldweg abzubiegen. Durch den Wald kommen wir über einen anfänglich engen und holprigen Schotterweg ins **Auengebiet der Dhünn.** Hier fahren wir durch eine offene Kulturlandschaft und sehen entlang der Dhünn Reihen mit typischen Auenbäumen. Seitlich davon erstrecken sich große Wiesenflächen. Wir rollen durch den Weiler **Hummelsheim,** um dahinter die Odenthaler Straße zu überqueren. Dort wird uns auf den rot-weißen Radwegschildern der Weg Richtung Odenthal angezeigt. Die Radreifen rollen gut auf dem Schotterweg, der sich weiter durch die Auen zieht. Die Dhünn fließt breit entlang des Wander- und Radwegs. In der Ortsmitte von **Odenthal** nehmen wir im Kreisverkehr die zweite Ausfahrt und fahren auf einem straßenbegleitenden Radweg Richtung **Altenberg** weiter. Wir müssen diesen Weg zwar später wieder zurückfahren, doch der Schlenker lohnt sich: Denn er bringt uns zu zwei attraktiven Etappenzielen, dem **Altenberger Dom** und dem **Märchenwald.** Über die Altenberger Domstraße kurbeln wir einige Kilometer weit bis zum Ende des Tals. Hier wird der eindrucksvolle Altenberger Dom von einer idyllischen Auenandschaft eingerahmt. Die Klosterkirche des ehemaligen Zisterzienserklosters wurde nach der Fertigstellung 1379 geweiht und der Gemeinde übergeben. Die Kirche wurde im gotischen Stil errichtet.

Wo entlang geht´s zum Märchenwald?

Die Steine für den Dombau sind aus Drachenfelser Trachyt, die südlich von Bonn im Siebengebirge abgebaut wurden. Der Transport der schweren Steinblöcke erfolgte zuerst über den Rhein per Schiff und anschließend über den Landweg mit Fuhrwerken bis nach Altenberg. Neben „Bergischer Dom" wird die Kirche auch „Haus ohne Mauern" genannt, aufgrund ihrer vielen und sehr große Kirchenfenster. Das dortige Westfenster ist flächenmäßig das größte Kirchenfenster nördlich der Alpen. Wir sehen darauf das Himmlische Jerusalem, das mit zahlreichen bunten Glasteilen bildlich dargestellt wird. Die Farbigkeit des Fensters entfaltet sich vor allem im Innern des Doms, wenn das Sonnenlicht darauf fällt – dann ist das Kirchenschiff in ein goldenes Licht gehüllt. Vom Dom aus gelangen wir über einen Forst- und Wanderweg schnell ins Reich der Gebrüder Grimm. Nach Abgabe eines Obolus erhält man Zugang in die Märchenwelt. Ob „Der gestiefelte Kater", „Hänsel und Gretel" oder „Rapunzel" die beliebten Märchen erlebt man dort in detailtreuen Darstellungen, die nicht nur Kinder begeistern. Wer den Gang durch alle Märchen geschafft hat, braucht unbedingt eine kleine Pause. Gut, dass man sich im angeschlossenen **Märchenwald Café** bei einer Bergischen Waffel mit Kaffee oder Limo stärken kann.

Auf der Rückfahrt Richtung Odenthal sehen wir seitlich des Radwegs das **Schloss Strauweiler** mit seiner gelb getünchten Fassade.

In den Dhünn-Auen bei Hummelsheim

Der Altenberger Dom ist eingebettet in Wiesen und Wälder.

Aus der Entfernung sieht es wie ein verwunschenes Märchenschloss aus. Es ist aber nicht Teil des Märchenwalds, sondern Adelssitz und Wohnort der Familie Sayn-Wittgenstein-Berleburg. Da es in Privatbesitz ist, ist eine Besichtigung leider nicht möglich. Daher fahren wir weiter und sind nach einigen Kurbelumdrehungen wieder in

Eingang zum Märchenwald

Odenthal angekommen. Odenthal ist auf den ersten Blick ein Verkehrsknotenpunkt mit lärmenden Autostraßen. Schaut man aber genauer hin, entdeckt man abseits davon den historischen Ortskern. Zwischen der Pfarrkirche **St. Pankratius** und der Dhünn gibt es hier einige gut erhaltene bergische Fachwerkhäuser. Typisch für das Bergische Land sind die Schieferfassaden, die als Wetterschutz und Zierde an vielen Fachwerkhäuser zu sehen sind. Auf dem Ortsplatz steht der **Hexenbrunnen.** Er soll an den Hexenglauben in Odenthal erinnern, durch den im 17. Jahrhundert mehrere Frauen der Hexerei angeklagt und hingerichtet wurden. Der überbrodelnde Kupferkessel wir von fünf finsteren Fabelwesen getragen. Auf dem Kesselrand sind die Stationen eines Hexenprozesses dargestellt. Im Volksmund hieß Odenthal deswegen auch „Hexenohnder" (ohnder = Odenthal). Selbst auf der Spitze des Rathauses sehen wir heute noch eine besenreitende Hexe. Wir reiten aber nicht auf einem Besen, sondern auf Fahrrädern aus Odenthal heraus, um die nächsten sportlichen Kilometer zu nehmen. Der weitere Tourenverlauf enthält Steigungen in einem welligen Terrain. Auf dem Abschnitt von Odenthal nach Voiswinkel bekommen wir einen ersten Eindruck davon. Der straßenbegleitende Fuß- und Radweg steigt stetig und länger an, um aus dem Tal der Dhünn zu führen. In **Voiswinkel** angekommen biegen wir vor der Fußgängerampel links in die Ober-

Wegweiser zum Märchenwald

St. Pankratius in Odenthal stammt aus dem 11. Jahrhundert und beherbergt die älteste Kirchenglocke im Rheinland.

borsbacher Straße ab und folgen den rot-weißen Radwegschildern bergan Richtung Herrenstrunden. Später rollen wir auf einem ruhigen Wirtschaftsweg und sehen dort eine hügelige, typisch bergische Landschaft: Viele Waldflächen, auf weitläufigen Wiesen grasen schwarz-weiß gefleckte Kühe und zwischendrin steht ein Bauernhof. Nach dem Queren der B 506 fahren wir leicht versetzt in die Straße **„Combüchen"** rein. Nach dem Passieren eines Bauernhofes biegen wir einige Kurven und Straßenwellen später an der kleinen Feldwegkreuzung links in die Straße „Bücheler Weg" ein. Bergab bleibt ein wenig Zeit, die Waden auszuruhen, um ins Tal der Strunde zu rollen. In **Herrenstrunden** angekommen biegen wir rechts auf die Hauptstraße Richtung Bergisch Gladbach ab. An dieser Stelle haben wir die Möglichkeit, dem Streckenverlauf der Tour 8 bis nach Köln zu folgen. Bis Bergisch Gladbach sind aber beide Touren identisch: Hinter Herrenstrunden biegen wir nach Beginn des Waldstücks rechts auf den Waldweg ab, der uns entlang der Strunde über das sehenswerte Industriemuseum **Papiermühle Alte Dombach** nach Bergisch Gladbach führt. Dort angekommen fahren wir über den Mühlenberg, durch den Stadtgarten und die Innenstadt Bergisch Gladbachs bis zum S-Bahnhof, wo die Streckentour endet. In der Fußgängerzone Bergisch Gladbachs gibt es einige Möglichkeiten zum Einkehren, um diese abwechslungsreiche Tour ausklingen zu lassen.

Kurz & knapp

Von Stadtbahnhalt auf Mülheimer Straße 80 m Richtung Schlebusch, **rechts** in Saarbrückener Straße einbiegen, **links** in Dudweiler Straße, der rot-weißen Radwegbeschilderung **geradeaus** bis Saarstraße folgen, dort **rechts** und **geradeaus** bis T-Kreuzung (Bensberger Straße) fahren. Auf gegenüberliegender Straßenseite **rechts** auf Fußweg einige Meter schieben, dann **links** (Richtung Friedhof) und Straße „Im Scherfenbrand" folgen. Hinter Friedhof in scharfer Linkskurve **halbrechts** auf Waldweg fahren, nach 20 m **rechts** und **geradeaus** weiter durch Wald (Oberfläche teilweise uneben). Nach rund 800 m T-Kreuzung, dort **links** und Schotterweg in die Dhünn-Auen folgen, später an T-Kreuzung **links** über Brücke die Dhünn queren, direkt **rechts** und Ort Hummelsheim umfahren **(Links-rechts-Kombination)** bis Odenthaler Straße. Der rot-weißen Radwegbeschilderung Richtung Odenthal folgen (3,5 km), **geradeaus** erst über Feldweg, dann seitlich der Dhünn bis Odenthal. Dort auf Straße „Hohe Aue" (Supermarkt) bis Kreisverkehr, dann **halblinks** Richtung Ortsmitte (Altenberger-Dom-Straße). Im Ort am großen Kreisverkehr **links** Richtung Altenberg, der rot-weißen Radwegbeschilderung (3,3 km) folgen. In Altenberg auf Landstraße bleiben und Ort mit Altenberger Dom seitlich umfahren, dahinter **links** abbiegen (Schild Märchenwald/Altenberger Dom), nach 20 m **links** in Allee **geradeaus** bis Dom fahren. (Rundweg: Vom Dom abgewandt **geradeaus** an Restaurant Altenberger Hof vorbei durch Torbogen, dahinter **rechts, geradeaus** auf unbefestigten Wander-/Radweg bis Haupteingang Märchenwald. Vor Hauptgebäude Märchenwald stehend **rechts** bergab bis Parkplatz, diesen queren und hinter Schranke **links,** am Brunnen **rechts,** zurück auf Parkweg zum Altenberger Dom.) Auf Haupteingang Dom schauend **rechts,** dann **geradeaus** (Parkplätze) bis Altenberger-Dom-Straße (rot-weißer Radwegbeschilderung folgen). Dort zurück nach Odenthal bis kurz vor großen Kreisverkehr – in Höhe Kirche – Straße queren und über Dorfstraße **(Rechts-links-Kombination)** in historischen Ortskern Odenthal fahren, weiter

Der Hexenbrunnen in Odenthal

bis Altenberger-Dom-Straße, diese queren. Auf gegenüberliegender Seite neben Bushaltestelle auf schmalen Fuß-/Radweg fahren, dort an Dhünn entlang (Dhünn-Tal-Radweg), hinter Schulgebäude nach 150 m **links** auf Brücke Dhünn queren, dahinter **links** (Parkplatz), einige Meter **geradeaus** bis Bergisch Gladbacher Straße und **rechts** abbiegen. Der Landstraße einige Kilometer bis Voiswinkel **geradeaus** folgen (stärkere Steigung). In Voiswinkel vor Fußgängerampel **links** in Oberborsbacher Straße abbiegen, (rot-weiße Radwegbeschilderung Richtung Herrenstrunden), hinter Anstieg zwei Kilometer auf ruhigem, welligen Wirtschaftsweg bis B 506 (Alte Wipperführter Straße) rollen. Auf anderer Straßenseite weiter auf Wirtschaftsweg („Combüchen"), nach 700 kurvigen Metern an kleiner Kreuzung **links** in Bücheler Weg, **geradeaus** bergab bis Herrenstrunden fahren. **Rechts** abbiegen, **geradeaus** Richtung Bergisch Gladbach fahren. 800 m hinter Ortsausgang Landstraße verlassen (Höhe Waldrand) und **rechts** auf Schotterweg biegen, Strunde über Holzbrücke queren, Waldweg bis Alte Dombach/Papiermuseum folgen. Dort **halbrechts** auf Waldweg (führt seitlich am Museum vorbei/zum Museum **halblinks** halten) weiter bis Bergisch Gladbach, dort endet Waldweg und leitet auf Straße „Am Mühlenberg" über. **Geradeaus** bis Ampelkreuzung, dort **links** (Odenthaler Straße), nach 20 m **rechts** (Zufahrt Parkplatz), vor Schranke **halbrechts** auf Parkweg rollen, **geradeaus**, dann **links** auf Buchmühlenstraße, nach 100 m Hauptstraße queren, **geradeaus** durch Park weiter, dahinter 200 m **geradeaus** bis Kunstmuseum Villa Zanders. Vor Villa stehend **rechts** Richtung Rathausplatz (Großer Brunnen), dort **links** in Fußgängerzone (Fahrradfahren zwischen 17.00 und 11.00 Uhr erlaubt), nach 300 m **rechts** abbiegen (Johann-Wilhelm-Lindlar-Straße), nach 100 m **halblinks** Richtung S-Bahnhof.

Kühe finden reichlich Nahrung auf den saftigen Wiesen des Bergischen Lands.

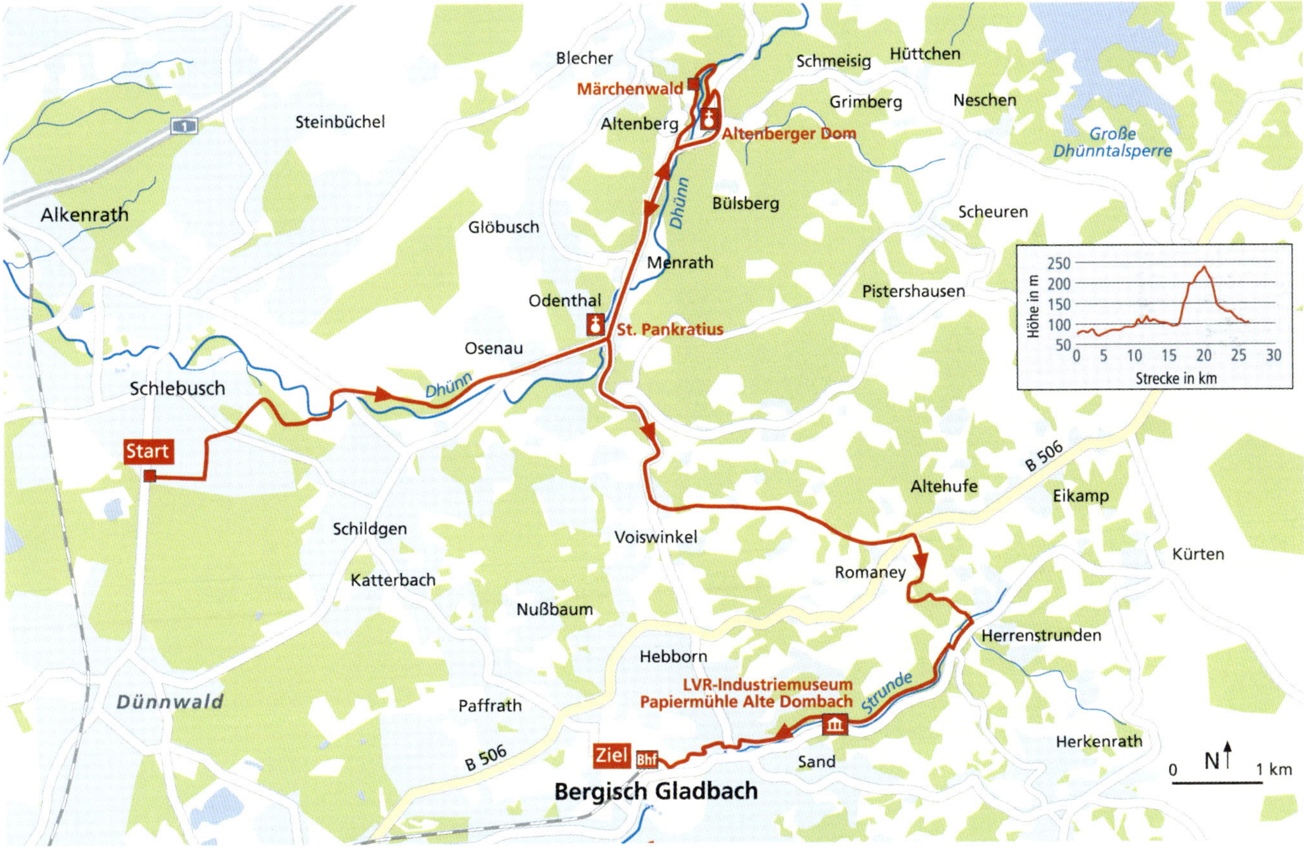

Blecher
Märchenwald
Altenberg
Altenberger Dom
Schmeisig
Hüttchen
Grimberg
Neschen
Große Dhünntalsperre
Steinbüchel
Alkenrath
Glöbusch
Dhünn
Bülsberg
Scheuren
Menrath
Odenthal
St. Pankratius
Pistershausen
Osenau
Schlebusch
Dhünn
Start
Altehufe
B 506
Eikamp
Schildgen
Voiswinkel
Romaney
Kürten
Katterbach
Nußbaum
Herrenstrunden
Hebborn
LVR-Industriemuseum Papiermühle Alte Dombach
Strunde
Dünnwald
Paffrath
Herkenrath
B 506
Ziel
Bhf
Sand
Bergisch Gladbach
0 N 1 km

Höhe in m: 250, 200, 150, 100, 50
Strecke in km: 0, 5, 10, 15, 20, 25, 30

Einkehrmöglichkeiten 

Märchenwald-Café, Märchenwaldweg 15, 51519 Odenthal,
Tel. 02174 7842323, www.maerchenwald-altenberg.de
Mo.–So. 11.00–17.30 Uhr

Die Strunde bei Herrenstrunden

Museen & Sehenswürdigkeiten 

Altenberger Dom, 51519 Odenthal-Altenberg,
Tel. 02174 4533, www.altenberger-dom.de, täglich 8.30–18.00 Uhr

Märchenwald, Märchenwaldweg 15, 51519 Odenthal,
Tel. 02174 7842323, www.maerchenwald-altenberg.de
Täglich 10.00–17.30 Uhr (ganzjährig geöffnet)

LVR-Industriemuseum Papiermühle Alte Dombach,
Alte Dombach, 51465 Bergisch Gladbach,
Tel. 02234 9921300, www.industriemuseum.lvr.de
Mo.–Fr. 8.00–18.00, Sa./So. 10.00–15.00 Uhr

E-Bike-Ladestationen 

Radstation Bergisch Gladbach,
Stationsstraße 3, 51465 Bergisch Gladbach,
Tel. 02202 9598978, www.radstation-gl.de
Mo.–Fr. 7.00–12.30 Uhr, Fr. 14.30–18.30, Sa. 9.00–14.00 Uhr

Tour 10

7 Std.

42 km

427 m

mittel

Auf einen Blick

Start
Bahnhof Jüchen

Ziel
Bahnhof Bedburg

ÖPNV
RB 27/RE 8, Haltestelle Jüchen; RB 38, Haltestelle Bedburg (Erft)

Sehenswert
Rittergut Wildenrath, Petruskapelle, historischer Ortskern Alt-Kaster, Schloss Bedburg

Essen & Trinken
Unterwegs gibt es vereinzelt Einkehrmöglichkeitenn, die allerdings weit voneinander entfernt sind.

Strecken-Charakteristik
Hauptsächlich flach, moderate Steigung vor Petruskapelle, Wechsel Asphalt- und Schotterbelag, zwischen Oberwestrich und Holzweiler sehr grober Schotter, unterwegs auf Radwegen, Feldwegen, Straßen

Tipp!
Aufgrund der Streckenlänge und der begrenzten Einkehrmöglichkeiten empfiehlt es sich, ausreichend Proviant und Getränke mitzunehmen!

Vorherige Seite: Windräder bei Mönchengladbach-Wanlo

Eine Region unter Strom

Unterwegs im Rheinischen Braunkohlerevier

Die längere, aber meist über flache Strecke verlaufende Tour startet in Jüchen nördlich des Braunkohletagebaus Garzweiler II. Auf diesem Ausflug erfahren wir viel über das Leben im Revier und die vom Braunkohleabbau geprägte Landschaft. Wir rollen durch neu aufgebaute Orte, aber auch durch Siedlungen, die abgerissen werden sollen. Eine Pause gönnen wir uns im Bistro am stattlichen Rittergut Wildenrath. Bei Jackerath sehen wir am Grubenrand, wie sich die riesigen Bagger ins Land graben. Dagegen befindet sich die Petruskapelle inmitten einer rekultivierten Landschaft. Zum Abschluss besuchen wir noch das historische Alt-Kaster und das Wasserschloss Bedburg.

In der Nähe des Startpunkts am Bahnhof in **Jüchen** kommt man auf einen Feldweg, den wir entlangfahren. Unser erstes Ziel sind die Siedlungen **Neu-Spenrath** und **Neu-Otzenrath,** die nebeneinanderliegen. Die ursprünglichen Orte wurden im Zuge der Braunkohlegewinnung – im Abbaugebiet Garzweiler II – abgerissen und hier neu errichtet. Es scheint, dass während der Umsiedlung außer den Ortsnamen nur wenige Dinge übernommen wurden.

Sonnenblumen entlang eines Feldweges bei Jüchen

Die Straßenzüge und Gebäude der neuen Orte wirken auf den Besucher oft wie am Reißbrett konstruiert und etwas steril. Einige Kilometer weiter, hinter **Hochneukirch,** fahren wir auf der Wanloer Straße weiter, um nach der Autobahnüberführung rechts auf einen Feldweg abzubiegen. An der Einbiegung weist uns die rot-weiße Radwegbeschilderung den Weg bis nach **Mönchengladbach-Wanlo.** In der Ortsmitte biegen wir rechts in die

Straße „Schweinemarkt" ein und fahren an der Pfarrkirche **St. Mariä** vorbei. Dahinter sind wir auch schon wieder auf einem Feldweg unterwegs, dem wir bis zum **Rittergut Wildenrath** auf der Kuckumer Straße folgen. Das Rittergut liegt abseits von Wanlo zwischen Feldern und Wiesen. Im großen Innenhof stehen alte Landwirtschaftsgeräte, dazwischen laufen vereinzelt Hühner herum. Auf dem rund 800 Jahre altem Gut gibt es auch einen kleinen Erlebnisbauernhof, der sich im hinteren Teil des Areals befindet. Der Eingang dorthin befindet sich im Innenhof. Schiebt man sein Rad direkt am Außengebäude vorbei, kommt man zuerst an der kleinen Marienkapelle vorbei und dann zum **Golf-Bistro.** Im Sommer kann man sich hier einen schattigen Platz unter den Sonnenschirmen suchen und eine Erfrischung genießen. Der Name ist Programm, denn das Bistro wird gerne von Golfspielern genutzt, die nach einer Partie auf der benachbarten Anlage hierherkommen.

Wir fahren an der Golfanlage seitlich vorbei und folgen der wenig befahrenen Landstraße bis nach **Kuckum.** Am Ortseingang wird auf einem Schild kämpferisch darauf hingewiesen, dass man sich durch die Braunkohlegewinnung nicht vertreiben lässt. Unter anderem lesen wir „Ja zur Heimat ... Wir bleiben hier!" An der Patina erkennen wir, dass das Schild schon länger dort steht. Die Streitigkeiten im Zuge der Braunkohlegewinnung, der Umsiedlungen und des Naturschutzes sind schon alt. Durch die mediale Aufmerksamkeit der Proteste im Jahr 2018 am Hambacher Forst kam dieser Streit wieder an die Oberfläche. In Kuckum biegen wir links in die Nierstraße ab und fahren über **Unterwestrich** weiter nach **Oberwestrich,** wo wir erst einmal innehalten. Alles, was wir auf den letzten Kilometern gesehen haben, soll abgerissen werden. Das **Abbaugebiet Garzweiler II** ist ganz in der Nähe, tagtäglich graben sich die riesigen Bagger weiter durchs Land und kommen näher. Die Planung sieht vor, dass unter anderem die Orte Kuckum, Oberwestrich und Unterwestrich bis 2027 umgesiedelt werden sollen. Teilweise sind die Bewohner schon umgezogen, die Häuser und Grundstücke verweist. Die Fahrt durch solch ein Gebiet ist einerseits spannend, anderseits bedrückend und seltsam: Alles wirkt viel zu ruhig und man ahnt, dass hier irgend etwas nicht stimmt. Vielleicht werden diese Gebiete durch die aktuellen Klimadiskussionen und den beschlossenen Braunkohleausstieg noch gerettet ...

Nach einigen Kilometern auf teilweise groben Schotterwegen fahren wir im Zentrum von **Erkelenz-Holzweiler** an der Kirche und dem Hauptplatz vorbei, in der Nähe kann man im **Haus Krummen zum Ochsen** rasten. Wir verlassen über die Titzer Straße den Ort. Auf einem straßenbegleitenden Radweg, entlang der L 19n, rollen wir entspannt dahin und beobachten die sich elegant drehenden

Rotoren der Windräder. **Titz-Jackerath** ist der nördlichste Ort im Kreis Düren. Ganz in der Nähe liegt der **Randbereich des Tagebaus Garzweiler II.** Wer möchte, kann dorthin einen Abstecher unternehmen. Es ist einer der wenigen offiziellen Bereiche, wo man sich das riesige Erdloch anschauen kann. Hinter Jackerath queren wir die Autobahn und biegen kurz dahinter links ab, um später auf ruhigen Wirtschaftswegen weiterzufahren. Unser nächstes Zwischenziel wird die **Petruskapelle** sein. Wir fahren durch eine rekultivierte Landschaft, hier wurde die Braunkohle schon abgebaut. Die Kapelle steht auf einer Anhöhe und soll an den abgerissenen Ort Alt-Königshoven und die ehemalige Dorfkirche dort erinnern. Während einer Pause an dem kleinen Gotteshaus können wir die Eindrücke des Fahrtages Revue passieren lassen. Auch auf der Abfahrt in Richtung Bedburg-Kaster bleibt uns ein wenig Zeit zum Erholen: Auf einem Schotterweg lassen

Blick in den Braunkohletagebau Garzweiler bei Jackerath

wir die Räder rollen und fahren leicht bergab bis vor die historischen Stadtmauern von **Bedburg Alt-Kaster.** Der Ort ist ein Kleinod, mit dem man in dieser Gegend nicht rechnet. Der **historische Ortskern** ist mit einer gut erhaltenen Stadtmauer umgeben. Wir rollen durch das Stadttor und schweifen durch die mit Kopfstein gepflasterten Gassen. Das mittelalterliche Flair wäre perfekt, wenn dort Autos nicht parken und fahren dürften. Über Kopfsteinpflaster geht es bis zum anderen **Stadttor,** dahinter folgen wir dann der Mühlenerft. Nach Überquerung einer kleinen Brücke rollen wir entlang der Erft in Richtung **Bedburg,** wo wir zum **Schloss Bedburg** gelangen. Das Wasserschloss hat seine Ursprünge im 12. Jahrhundert. Seitdem erlebte es einige Zerstörungen, Aufbauten und Umbauten. Das Schloss befindet sich in Privatbesitz und wird für Tagungen oder auch für Hochzeiten genutzt. Auf einem schmalen Gehweg entlang des Schlossgrabens, können wir schiebend das Gebäude umrunden. Anschließend fahren wir auf einer Allee durch den angrenzenden Schlosspark. Dahinter geht es für uns auf öffentlichen Straßen am Ortsrand von Bedburg weiter bis zum nahe gelegenen **Bedburger Bahnhof,** wo die Tour endet. Wer vor der Heimreise noch einkehren möchte, dem bietet sich in Bedbrug im **Café Kraus** eine gute Gelegenheit.

Historische Hofanlage in der Ortsmitte von Erkelenz-Holzweiler

Stadtmauer von Alt-Kaster

Kurz & knapp

Von Bahnhof Jüchen auf Silostraße geradeaus, dann links in Wilhelmstraße (rot-weiße Radwegbeschilderung Richtung Hochneukirch), nach 200 m halbrechts in Römerstraße einbiegen, geradeaus, auf Feldweg bis vor Autobahn, dort rechts, dann links über Autobahn, geradeaus bis Hackhausen. Vor Autowerkstatt links in Gasse, geradeaus bis Ende Feldweg, dort links, nach 20 m rechts in Ort Neu-Spenrath fahren, dann links auf Baumweg. Nach 100 m (zweite Straße) rechts, nach 10 m rechts auf Schotterweg, diesem über Holzbrücke / Spielplatz bis Hofstraße in Neu-Otzenrath folgen. Zur Kirche und Marktplatz rechts, die Hauptroute führt links durch Ort über Hofstraße bis Querstraße („Hackhausen"), dort rechts Richtung Hochneukirch (rot-weiße Radwegbeschilderung). Am Kreisverkehr dritte Straße (Poststraße) rechts, geradeaus, später über Hochstraße durch Hochneukirch, nach Übergang auf Wanloer Straße geradeaus weiter. Hinter Autobahnüberführung an rot-weißen Radwegschildern rechts auf Feldweg bis Wanlo fahren, im Ort bis Ende Gormannsgasse, dann links, direkt rechts in „Schweinemarkt" und geradeaus an Kirche und Gartenbaufirma vorbei, geradeaus auf Feldweg (Am Kapellchen) weiter. An Feldwegkreuzung links, geradeaus bis Kuckumer Straße, dieser geradeaus am Golfplatz vorbei folgen (an Kuckumer Straße links liegt in Sichtweite Rittergut Wildenrath). Auf Kuckumer Straße bis Kuckum, dort links in Kuckumer Niersstraße bis Unterwestrich rollen, dort Westricher Straße queren, dann geradeaus auf Straße „Oberwestrich" weiter. Nach Durchfahrt Oberwestrich auf Feldweg (helle Pflastersteine, später grober Schotterweg) einige Kilometer geradeaus bis vor weiße Halle am Ortsrand Holzweiler, dort links auf Eggerather Weg, dann rechts über Niederstraße in Ortsmitte fahren. Den rot-weißen Radwegschildern Richtung Katzem folgen, zuerst über Holzweilermarkt, dann halblinks in Titzerstraße bis zur L 19 (Ortsende), diese queren, geradeaus auf L 19n Richtung Jackerath (Fahrradweg) bis große Ampelkreuzung.

(Abstecher zur Braunkohleabbaukante: an Ampel links – Richtung Autobahnmeisterei – abbiegen, 1,5 Kilometer geradeaus bis Straßenende, später den gleichen Weg zurück.)

Ampelkreuzung Richtung Bedburg queren (Karsterstraße) geradeaus fahren, 400 m hinter Autobahnüberführung links Richtung Kaiskorb, nach 200 m rechts auf Feldweg und geradeaus. Hinter grünen Hallen an Feldwegkreuzung **links,** dann Autobahnbrücke queren, **geradeaus** weiter. Hinter erster Windradreihe **rechts,** dann **geradeaus** vorbei an Windrädern, dahinter **geradeaus** weiter Richtung Alt-Kaster (rot-weiße Radwegbeschilderung/Feldweg). Hinter Ortseingang Weiler Hohenholz **links,** dann **geradeaus** bis Wegkreuz, dort **rechts** bis T-Kreuzung, dort **links** und einige Kilometer **geradeaus** (rot-weißer Radwegbeschilderung folgen) bis Feldwegkreuzung (Radwegschilder/Petruskapelle). **Links** der Beschilderung Richtung Petruskapelle folgen (circa 1,5 km). Später den gleichen Weg zurück bis zur Feldwegkreuzung, dort **geradeaus** Richtung Alt-Kaster. Zuerst bergab über Schotterweg, dann am Spielplatz und seitlich historischer Stadtmauer vorbei bis Eingangstor Altstadt. **Geradeaus** durch Alt-Kaster Hauptstraße bis zum anderen Stadttor folgen (Kopfsteinpflaster/500 m), dahinter auf Schotterweg, den rot-weißen Radwegschildern Richtung Bedburg (2,3 km) folgen. Nach 50 m **halbrechts** und **geradeaus** weiter, hinter Straßen- und Bahnunterführung **rechts** die Mühlenerft queren, dann **links** am Gewässer entlang bis Wiesenstraße. **Links** über Brücke und Rechtskurve auf Klosterstraße folgen, vor Krankenhaus **rechts** (Fuß-/Radweg) auf Kirche zufahren, dort **halblinks** und Marktplatz queren bis Graf-Salm-Straße, dieser **rechts** folgen. Nach 100 m **links** in Tordurchfahrt zum Schloss Bedburg fahren, dahinter **links** bis vor Burggraben und **links** in schmalen Kopfsteinpflasterweg schieben. Im Halbkreis um den Schlossgraben bis Wegende gehen, dort **links** über Holzbrücke und **geradeaus** durch Allee fahren. Hinter Tennisplätzen **rechts** auf Bergheimer Straße, **geradeaus** bis zur Landstraße, dort **rechts** (Radweg) und Straße folgen. Am Kreisverkehr **geradeaus,** am zweiten Kreisverkehr **links,** am dritten Kreisverkehr die zweite Straße **rechts** zum Bahnhof Bedburg abbiegen.

Schloss Bedburg

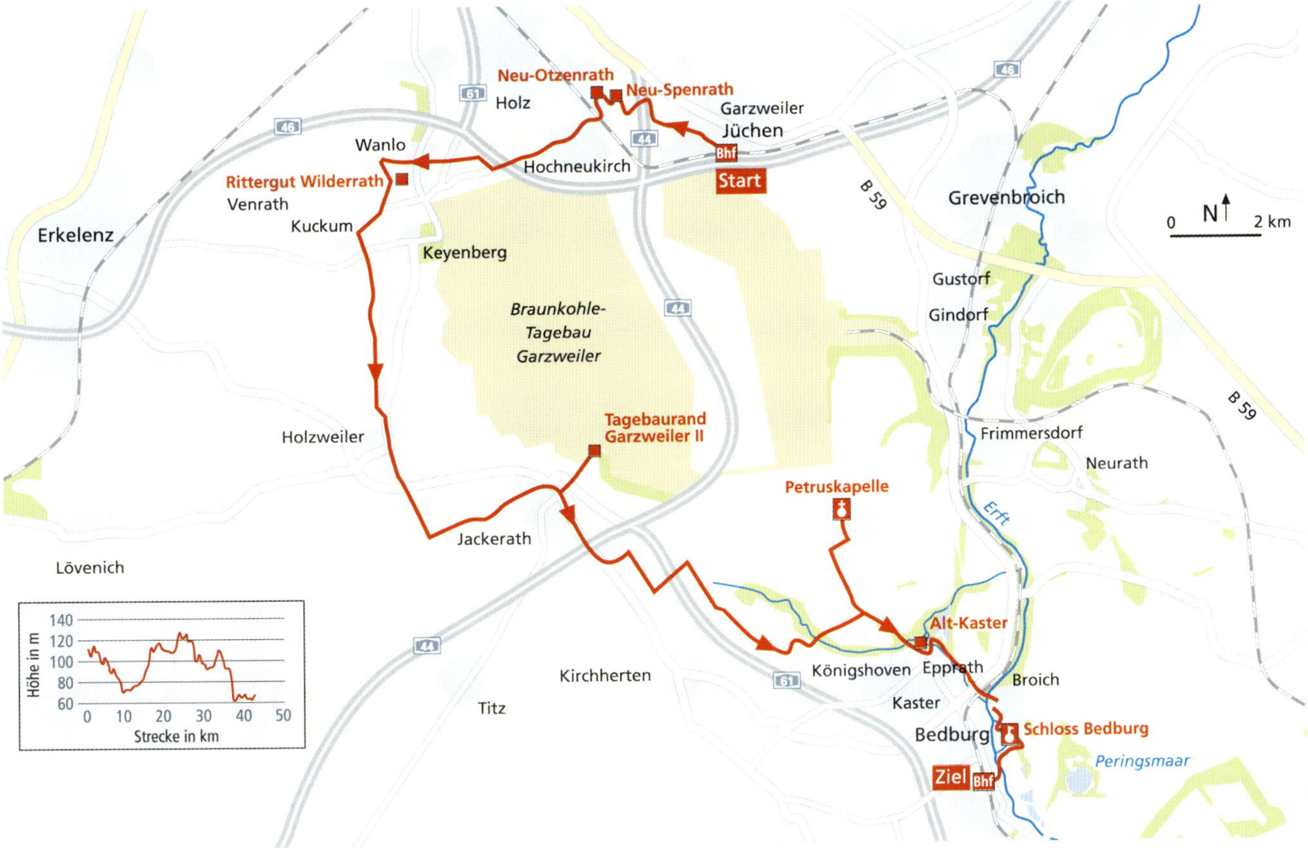

Neu-Otzenrath
Neu-Spenrath
Holz
Garzweiler
Jüchen
Bhf
Start
Wanlo
Hochneukirch
Rittergut Wilderrath
Venrath
Kuckum
Erkelenz
Keyenberg
Grevenbroich
B 59
0 N 2 km
Gustorf
Gindorf
Braunkohle-Tagebau Garzweiler
Tagebaurand Garzweiler II
Frimmersdorf
Neurath
Holzweiler
Petruskapelle
Erft
Jackerath
Lövenich
Alt-Kaster
Königshoven
Epprath
Broich
Kirchherten
Kaster
Titz
Bedburg
Schloss Bedburg
Peringsmaar
Ziel
Bhf
46
61
44

Höhe in m: 140, 120, 100, 80, 60
Strecke in km: 0, 10, 20, 30, 40, 50

Einkehrmöglichkeiten 

Golf-Bistro Rittergut Wildenrath, Kuckumer Straße 61, 41189 Mönchengladbach-Wanlo, Tel. 02166 954954, www.rittergut-wildenrath.de, Mo.–So. ab 8.30 Uhr

Haus Krummen zum Ochsen, Brüderstraße 6, 41812 Erkelenz-Holzweiler, Tel. 02164 4644, Mi.–Sa. 17.30–22.00, So. 11.00–13.30/17.00-21.00 Uhr, Mo./Di. Ruhetage

Café Kraus, Friedrich-Wilhelm-Straße 13, 50181 Bedburg, Tel. 02272 2514, www.cafe-kraus.de
Di.–Fr. 7.00–18.30, Sa. 7.00–14.00, So. 12.30–17.30 Uhr, Mo. Ruhetag

Museen & Sehenswürdigkeiten 

Rittergut Wildenrath,
Kuckumer Straße 61, 41189 Mönchengladbach-Wanlo, Tel. 02166 954954, www.rittergut-wildenrath.de

Wasserschloss Bedburg, Graf-Salm-Straße 34, 50181 Bedburg, www.bedburg.de, Schlosspark und Spazierwege ohne Öffnungszeiten zugänglich

Die Petruskapelle erinnert an den umgesiedelten Ort Alt-Königshoven.

Durch die Wahner Heide

Tour 11

6 Std.

37 km

424 m

mittel

Auf einen Blick

Start
Bahnhof Rösrath-Stümpen

ÖPNV
RB 25, Haltestelle Rösrath-Stümpen; Stadtbahnlinie 7, Haltestelle Zündorf

Sehenswert
Stephansheide/Stephanuskapelle, St. Georg Troisdorf-Altenrath, Naturschutzgebiet Wahner Heide, Haus Broich Troisdorf-Spich, Groov Porz-Zündorf

Essen & Trinken
Einkehrmöglichkeiten gibt es z. B. in Troisdorf-Altenrath, Troisdorf-Spich, Langel oder Porz-Zündorf

Ziel
Köln Porz-Zündorf

Strecken-Charakteristik
Hügeliger Tourenverlauf bis hinter Troisdorf-Altenrath, dann durchgehend flach, unterwegs auf Haupt- und Nebenstraßen, Rad-, Feld- und Forstwegen, in der Wahner Heide teilweise leicht sandige Wegstrecke. Für Fahrradanhänger geeignet

Tipp!
Die Route kann ab Porz-Zündorf mit der Tour 2 kombiniert werden!

Vorherige Seite: Die Wahner Heide ist ein bedeutendes Naturschutzgebiet.

Durch die Wahner Heide

Von Rösrath nach Zündorf

Vor den Toren der Kölner Innenstadt liegt auf der rechten Rheinseite das Naturschutzgebiet Wahner Heide. Diese faszinierende Heidelandschaft möchten wir auf dieser Tour erkunden. Dazu radeln wir von Rösrath aus zunächst durch dichte Wälder und dann durch eine weite Wiesen- und Strauchlandschaften bis nach Troisdorf-Spich. Unterwegs erfahren wir einiges über dieses einmalige geschützte Gebiet, das gleichzeitig ein Militärübungsplatz mit 200-jähriger Geschichte ist. Von Spich aus geht es über ruhige Feldwege zum südlichen Stadtrand Kölns nach Libur. In Niederkassel-Lülsdorf treffen wir auf den Rheinradweg, auf dem wir entspannt weiterrollen können bis Porz-Zündorf.

Wir starten hinter dem Bahnhof **Rösrath-Stümpen,** kommen schnell in ein Waldgebiet und folgen dort dem Pestalozziweg. Wir befinden uns nun schon im **Naturschutzgebiet Wahner Heide.** Die nördliche Grenze der Heide erstreckt sich entlang der Autobahn 3, über die wir kurz zuvor gefahren sind. Schaut man auf der Landkarte noch weiter nach Norden, so sehen wir dort ein großes Waldgebiet – den rund 3000 Hektar großen Staatsforst Königsforst. Zusammen sind beide das größte Naturschutzgebiet innerhalb Nordrhein-Westfalens. Auf dem gut ausgebauten Weg rollen wir bis zur **Stephansheide,** einem pädagogischen Zentrum für Kinder und Familien der Diakonie Michaelshoven. In den Nachkriegsjahren zwischen 1951 und 1954 entstand auf dem ehemaligen Gefangenenlager ein Kinder- und Jugenddorf. Dort fanden Kriegswaisen und Flüchtlinge aus dem Osten ein neues Zuhause. Zum Gelände gehört auch die **Stephanuskapelle.** Der Innenraum der schlichten Saalkirche wird auch für Kunstaustellungen genutzt. Einige Kilometer weiter sind wir auf der Hasbacher Straße unterwegs Richtung **Troisdorf-Altenrath.** Die geteerte Straße verläuft in lang gezogenen Wellen durch den Wald. Im Dorfkern von Altenrath befindet sich neben der Kirche St. Georg das **Infozentrum Wahner Heide.** Träger ist das Bündnis Heideterrasse e. V. Hier erhalten Besucher Informationen zum Naturschutzgebiet, und nach vorheriger Buchung kann man an geführten Exkursionen in die Wahner Heide teilnehmen. Das Zentrum wird hauptsächlich von ehrenamtlichen Mitgliedern betrieben, daher sind die Öffnungszeiten auf den Sonntag begrenzt.

Hinter Altenrath fahren wir durch ein ehemaliges militärisches Gebiet, dies bemerken wir spätestens auf der Altenrather Straße: Die ehemalige **Militärstraße** besteht aus Betonplatten, alle paar Meter überfahren wir die Nahtstellen, an denen zwei Platten aneinanderstoßen – zum Glück muss unser Gesäß dies nur für eine kurze Zeit ertragen. An der T-Kreuzung zum Eisenweg biegen wir rechts in einen Forstweg ab. Das Schutzgebiet ist mit roten Pfählen markiert, innerhalb dieser wir uns bewegen dürfen. Der südliche Teil der Wahner Heide wird heute noch von der Bundeswehr als Übungsplatz genutzt. Das Gebiet ist in verschiedene Zonen eingeteilt, wobei der rote Militärbereich nicht betreten werden darf. In den übrigen Gebieten ist ein Aufenthalt erlaubt, manchmal werden die **Wanderwege** kurzfristig gesperrt. Schon die Preußen haben die Heide als Militärübungsareal genutzt, es hieß damals „Schießplatz Wahn". Bis 2004 waren in der Wahner Heide belgische Soldaten stationiert und das Gebiet durfte nur am Wochenende betreten werden. In den vergangenen 200 Jahren entwickelten sich weite Teile des militärischen Sperrbereichs zu unberührten Naturräumen. Heute ist die Wahner Heide ein einmaliges Naturschutzgebiet, das rund 700 Tier- und Pflanzenarten eine Heimat bietet. Darüber hinaus ist die Heide auch Vogelschutz- und Flora-Fauna-Habitat-Gebiet. Bemühungen der Naturschutzverbände tragen dazu bei, dass die Heide auch zukünftig ein geschützter Lebensraum bleibt.

Stephanuskapelle

Am Ende des Forstweges stehen wir vor einem eisernem Torgitter. Seitlich davon befindet sich eine kleine Metalltüre, durch die wir weiterkommen. Dahinter liegt das Industriegebiet **„Industriepark Belgische Allee".** Das rund 60 Hektar große Areal befindet sich auf dem Gelände der ehemaligen belgischen Kaserne, dem „Camp Spich". Nach dem Zweiten Weltkrieg wurde die Wahner Heide auf Grundlage des Deutschlandvertrages von den belgischen Streitkräften beschlagnahmt. Das belgische Militär errichtete neben Camp Spich auch eine zweite Kaserne – die „Brasseur Kaserne" im Kölner Ortsteil Westhoven. Bevor es durch das Industriegebiet weitergeht, gönnen wir uns in der dortigen **Gaststätte „Zur Heide"** eine Erfrischung. Das

Lokal befindet sich in den Räumlichkeiten des ehemaligen belgischen Offizierscasinos. Wir kommen nach **Troisdorf-Spich** und fahren am **Haus Broich** vorbei, das sich in Privatbesitz befindet, später kreuzen wir die Hauptstraße und überqueren hinter dem S-Bahnhof die Autobahn 59. Die Landschaft öffnet sich hinter Spich und wir rollen über Feldwege durch riesige agrarische Nutzflächen in Richtung Libur. Der Ort **Libur** ist der südlichste Stadtteil von Köln. Wir sind weit vom Kölner Dom entfernt und hier in Libur bekommt man einen guten Eindruck davon, wie groß die Stadt ist. Insgesamt hat Köln eine Gesamtfläche von rund 400 Quadratkilometern. Würde man an der äußeren Stadtgrenze entlangfahren, käme man auf einen Umfang von rund 130 Kilometer. Köln war flächenmäßig bis in die 1970er-Jahre wesentlich kleiner. Erst durch die Eingemeindung vieler umliegender Orte änderte sich dies. Festgelegt wurde diese Gebietsreform im sogenannten „Köln-Gesetz" von 1974. Der Name Libur kommt vermutlich aus dem Althochdeutschen und bedeutet soviel wie „Wohnort am Grabhügel". Die Grabhügel gibt es schon lange nicht mehr; heute hat Libur einen Friedhof, an dem wir vorbeifahren. Im dortigen **Wirtshaus Helfer** gibt es die Möglichkeit zu Einkehr. Hinter dem beschaulichen Ort fahren wir weiter über Feldwege, überschreiten die Kölner Stadtgrenzen und kommen nach **Niederkassel-Lülsdorf**. Dort am Rheinufer steht die **Burg Lülsdorf.** Sie war nach der Erbauung im 12. und 13. Jahrhundert Wohnsitz der Herren von Lülsdorf. Heute befindet sie sich in Privatbesitz und der Zutritt ist leider nicht möglich. Wir fahren entspannt einige Kilometer auf dem Rheindamm entlang durch eine einsame Auen-und Feldlandschaft bis nach **Porz-Zündorf.** Wir radeln bis zur **Zündorfer Groov,** von dort aus bietet sich der Anschluss an die Tour 2 in Richtung Innenstadt an. Wem das aber zu lang ist, der beenden die Tour in Zündorf an der Stadtbahnlinie 7. Ganz gleich, ob mit oder ohne Verlängerung: In der Groov gibt es zahlreiche Lokale, die zum Abschluss der Tour zu einer Einkehr einladen. Alternativ kann man sich auch bei einer Partie Minigolf von der Tour erholen.

Wegekreuz bei Libur

Kurz & knapp

Am Bahnhof Rösrath-Stümpen Schienen queren, zuerst **links** in Dammelsfurther Weg, dann **rechts** in Pestalozziweg, Autobahn queren und **geradeaus** (Wald/circa 1,5 km) bis Pädagogisches Zentrum Stephansheide. Hinter Zentrum **geradeaus** auf Brander Straße, hinter Bushaltestelle **halbrechts** in Straße „Auf dem Neuen Feld", zuerst **geradeaus** folgen, dann **rechts** in Wolfsheideweg, nach 50 m **links,** dann **rechts** in Hasbacher Straße, dieser **geradeaus** folgen. An Schefferei vorbei, dahinter einige Kilometer **geradeaus** durch Wald Richtung Altenrath. Am Ortsrand **links** zwischen rot-weißen Pöllern (Flughafenstraße) und **geradeaus,** im Ort **rechts** in „Rübkamp" bis Heidegraben, dort **rechts** und **geradeaus** bis Kreisverkehr, dort **geradeaus** auf Altenrather Straße weiter. Nach 2 km **halbrechts** auf Waldweg (Schranke, gegenüber Eisenweg). Dem Waldweg erst parallel zur Straße, dann durch Wahner Heide folgen (auf Weg mit roter Markierung bleiben – Naturschutzgebiet). Später König-Baudouin-Weg **geradeaus** bis Tordurchgang folgen, dahinter durch Industriegebiet **geradeaus** weiter bis Kreisverkehr. Am Kreisel **links** bis Kreisverkehr, dort **links** auf Radweg und dem „Mauspfad" folgen, dann die Straße unterqueren, weiter **geradeaus,** dann Radweg verlassen und **rechts** in Waldstraße biegen. (Abstecher Haus Broich: von Waldstraße **rechts** in Burgstraße bis Haus Broich.) Über Waldstraße **geradeaus,** bis Hauptstraße (Troisdorf-Spich) – Radwegbeschilderung Richtung Niederkassel folgen. Auf Niederkasseler Straße S-Bahnhof unterqueren, dahinter **halblinks** am Friedhof vorbei, dann auf Rad-/Fußweg zuerst Schnellstraße, dann Autobahn überqueren, dahinter auf Feldweg **geradeaus** bis T-Kreuzung, dort **rechts** Richtung Stockum. Am Bauernhof vorbei, Landstraße queren und **geradeaus** Feldweg folgen („Stockemer Feld", Richtung Libur). In Libur am Friedhof vorbei, dahinter **links,** dann **rechts** und **geradeaus** hinter Kirche **halblinks** in Urbanusstraße, dann **links** in Heckenweg, **geradeaus,** am Spielplatz vorbei, dann Landstraße queren und auf Feldweg **geradeaus** weiter (Kaltersbacherweg). Am See vorbei, dahinter in Ranzel die Porzer Straße queren und auf „Tempelhof" **geradeaus** weiter. Hinter Friedhof (Feldwegkreuzung) **links** auf Lenaustraße, dieser **geradeaus** durch Lülsdorf bis Pastor-Hochherz-Straße folgen, zuerst **links,** dann **rechts** in Zündorfer Weg und **geradeaus** bis Berliner Straße fahren. **Geradeaus** weiter auf Burgstraße, die später in Uferstraße übergeht, dort dem Rheinradweg Richtung Köln folgen. Auf Dammradweg über Langel weiter **geradeaus** bis Zündorf in die Groov fahren. Dort von „Am Markt" **rechts** abbiegen, bergan auf Burgweg, dann Hauptstraße queren, durch Keimergasse bis Schmittgasse, dort **links,** direkt **rechts** in Wahner Straße, nach 200 m bei Stadtbahnlinie 7 **links** auf Bahnsteig abbiegen.

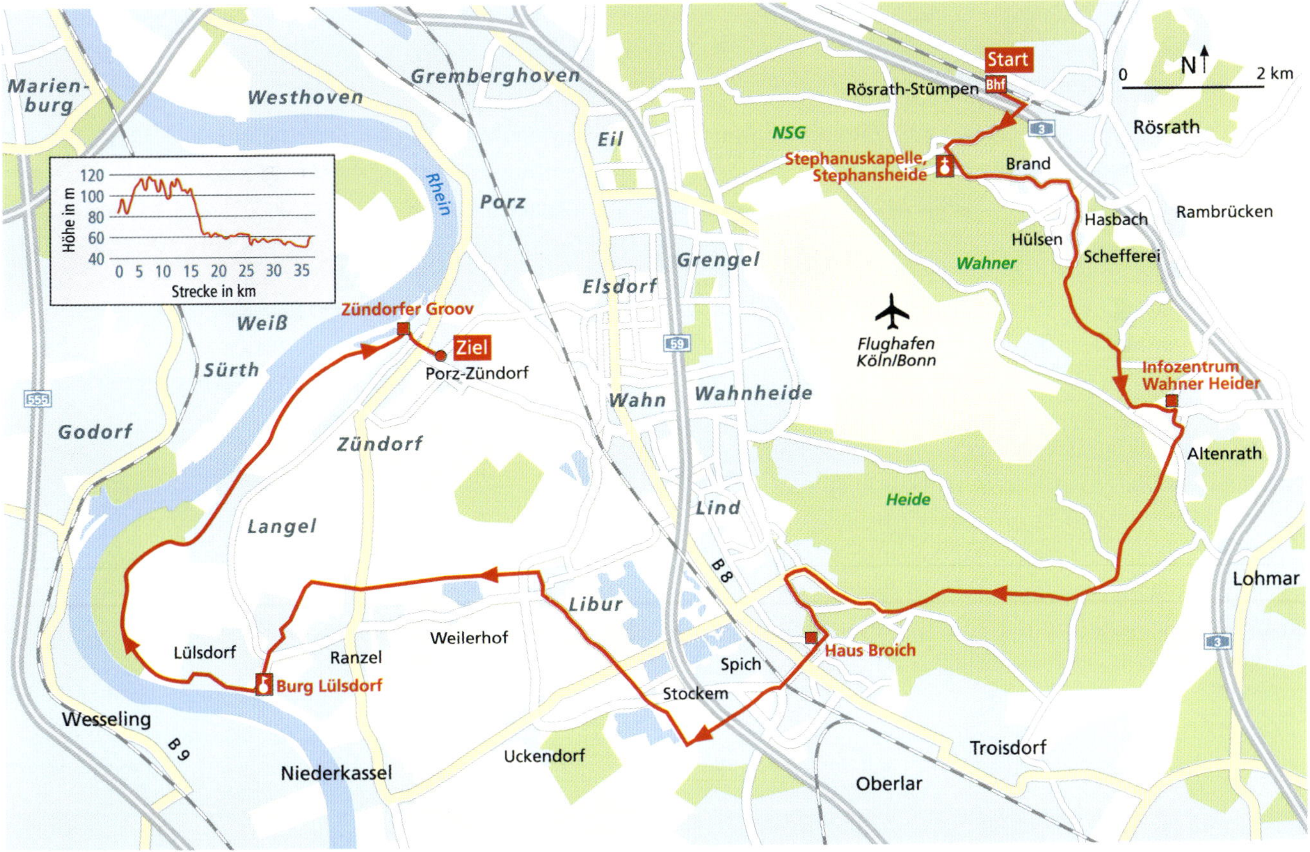

Start
Rösrath-Stümpen
Bhf
0
N
2 km
Rösrath
Marien-
burg
Westhoven
Gremberghoven
Eil
NSG
Stephanuskapelle,
Stephansheide
Brand
Rhein
Porz
Hasbach
Rambrücken
Hülsen
Scheffferei
Wahner
Grengel
Elsdorf
Flughafen
Köln/Bonn
120
100
80
60
40
Höhe in m
0 5 10 15 20 25 30 35
Strecke in km
Zündorfer Groov
Weiß
Ziel
Porz-Zündorf
Sürth
Wahn
Wahnheide
Infozentrum
Wahner Heider
Altenrath
Godorf
Zündorf
Heide
Lind
Langel
B 8
Lohmar
Libur
Lülsdorf
Weilerhof
Ranzel
Haus Broich
Spich
Burg Lülsdorf
Stockem
Wesseling
B 9
Uckendorf
Troisdorf
Niederkassel
Oberlar

Einkehrmöglichkeiten

Café Zur Heide, Camp-Spich-Straße 1, 53842 Troisdorf-Spich, Tel. 0178 1590108, www.zur-heide-event.com
Mo.–Fr. 14.00–20.00 Uhr, Sa./So. 10.00–20.00 Uhr

Wirtshaus Helfer, Urbanusstraße 1, 51147 Köln Porz-Libur, Tel. 02203 1865704, www.wirtshaus-helfer.eatbu.com
Mo., Do., Fr., Sa. 16.30–23.00, So. 11.00–22.00 Uhr, Di./Mi. Ruhetage

Gaststätte Groov Terrasse, Am Markt 4, 51143 Köln Porz-Zündorf, Tel. 02203 85544, www.groov-terrasse.de
Mo., Mi., Do., Fr. ab 17.00, Sa./So. ab 11 Uhr, Di. Ruhetag

Landhaus Zündorf, Marktstraße 27, 51143 Köln, Tel. 02203 81203, www.landhaus-zuendorf.de
Di.–So. 11.00–22.00 Uhr, Mo. Ruhetag

Museen & Sehenswürdigkeiten

Infozentrum Wahner Heide, Flughafenstraße 16, 53842 Troisdorf-Altenrath, Tel. 02205 9477803, www.wahnerheide.net
Apr.–Okt. So. 11.00–15.00 Uhr

Freizeiteinrichtungen

Minigolfanlage Freizeitinsel Groov, Marktstraße 12, 51143 Köln, Tel. 02203 84329, Mo.–So. 10.00–18.00 Uhr

Wegmarkierung in der Wahner Heide

Über die Villehöhen zu einem prunkvollen Schloss

Tour 12

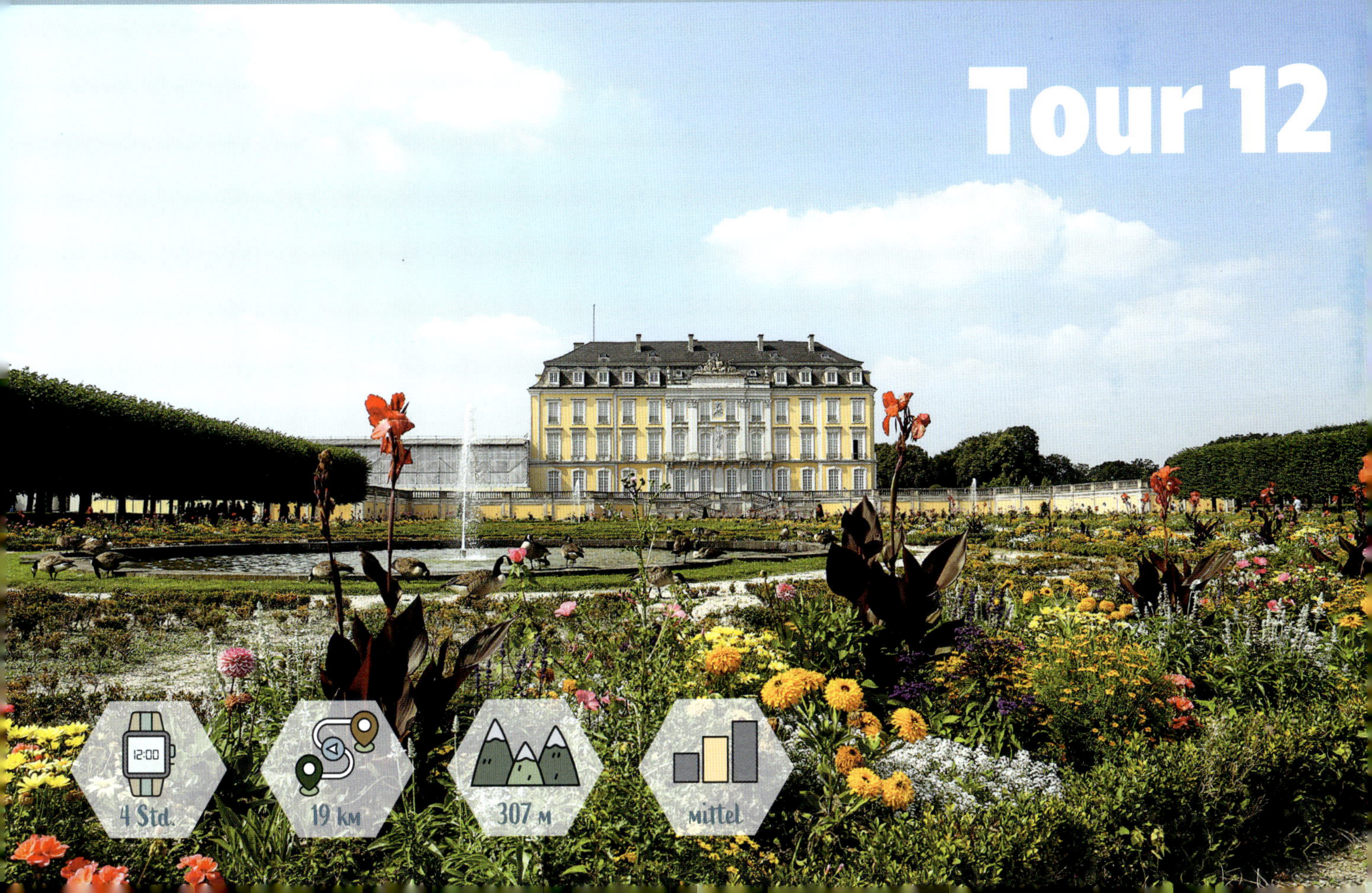

4 Std.

19 km

307 m

mittel

Auf einen Blick

Start
Bahnhof Bornheim-Sechtem

Ziel
Bahnhof Brühl

ÖPNV
RB 26, Haltestelle Bornheim Sechtem; RE 5/RB 26, Haltestelle Brühl

Strecken-Charakteristik
Weitgehend flach, starke Steigung am Vorgebirge, lang gezogenes Gefälle Richtung Brühl, unterwegs auf Haupt- und Nebenstraßen, Rad-, Feld- und Forstwegen, Wechsel Asphalt- und Schotterwege

Sehenswert
Weiße Burg Sechtem, Ophof Sechtem, Burgruine Hemmerich, Wasserturm Rösberg, Schloss Rösberg, Schloss Augustusburg Brühl

Essen & Trinken
Einige Einkehrmöglichkeiten entlang der Strecke

Leicht bergan geht es Richtung Hemmerich im Vorgebirge.

Vorherige Seite: Schloss Augustusburg zählt zum Unseco-Welterbe.

Über die Villehöhen zu einem prunkvollen Schloss

Ein Ausflug ins Vorgebirge

Auf diesem Ausflug in das Umland von Köln erleben wir eine sportliche Herausforderung und kulturelle Höhen. Wir starten in der fruchtbaren Rheinebene in Bornheim-Sechtem und gelangen schnell an den Anstieg der Ville. Von der Anhöhe aus haben wir einen einmaligen Weitblick ins Rheinland hinein. Der weitere Wegverlauf ist eben, wir sehen einen ehemaligen Wasserturm und das Schloss Rösberg. Wir fahren durch den Staatsforst Ville und rollen dann bergab in Richtung Brühl. Dort wartet der letzte Höhepunkt dieser Tour auf uns: das Schloss Augustusburg mit dem umliegenden Schlosspark.

Die Streckentour beginnt am Bahnhof in **Bornheim-Sechtem**, von wo aus wir über den „Münstergarten" in den Ort hineinfahren. Dort gelangen wir in der Kaiserstraße zur **Weißen Burg**. Ursprünglich hieß die Burg Wissburg (Wiesenburg), denn sie stand früher – von einem Wassergraben umgeben – inmitten einer Wiesenlandschaft. Die Weiße Burg wurde im 11. Jahrhundert errichtet und hatte seitdem diverse Besitzer und befindet sich auch heute

Torturm der Weißen Burg

in Privatbesitz. Zur Burganlage zählen ein Park und der angrenzende Ophof. Von der Kaiserstraße aus sehen wir durch den Torbogen den Innenhof, den man leider nicht betreten darf. Daher fahren wir vom neoromanischen Torturm aus weiter, umfahren das Areal und kommen am **Ophof** vorbei. Wir rollen kurz auf einer breiten Landstraße weiter, um dann links abzubiegen und der rot-weißen Radwegbeschilderung Richtung **Bornheim-Kardorf** zu folgen.

Gemüseanbau auf den fruchtbaren Böden des Vorgebirges

Das breite Rheintal dehnt sich hier von den östlichen Erhebungen des Bergischen Landes bis zum Vorgebirge, das vor uns aufragt, aus. In früheren Zeiten der Erdgeschichte war der Rhein breiter, als wir ihn heute kennen. Weit entfernt vom heutigen Flusslauf fahren wir über eine vom Rhein geschaffenen Mittelterrasse. Zu allen Seiten hin sehen wir auf dieser Terrasse große Anbauflächen. Die Böden hier sind aufgrund der mächtigen Lössablagerungen sehr fruchtbar. Neben den günstigen klimatischen Verhältnissen bieten die guten Böden ideale Voraussetzungen für den **Obst- und Gemüseanbau,** von dem viele Menschen in dem Gebiet leben. Kardorf liegt am Fuße des lang gezogenen Vorgebirges. Die Erhebung ist bis zu 165 Meter hoch und Teil der **Ville** – einem Höhenzug in der Niederrheinischen Bucht. Schon die Römer erkannten die Gunstlage des Hangs mit vorgelagerter Rheinebene und siedelten sich hier an. Sie brachten auch die ersten Weinreben hierhin. Bis ins 19. Jahrhundert war das Vorgebirge ein bekanntes Weinanbaugebiet. Durch hohe Besteuerung und Strafzölle wurde der Anbau allerdings eingestellt. Die Sicherstellung der Obst- und Gemüseversorgung für Bonn und Köln war der preußischen Regierung wichtiger. Wer noch mehr über die Römer und die Spuren, die sie in der Region hinterlassen haben, wissen möchte, kann dies auf dem **Römerkanal-Wanderweg** erfahren. Er verläuft auf insgesamt 120 Kilometern von Nettersheim in der Eifel bis nach Köln. Der Wanderweg führt auch durch das Gebiet des Vorgebirges und orientiert sich am ehemaligen Frischwasserkanal der Römer. Von diesem meisterhaften Bau sind noch zahlreiche Relikte erhalten geblieben.

Wir treten kräftig in die Pedale, um die Anhöhe zu erklimmen. Besonders das letzte Drittel zwischen „Moosgarten" und Pützgasse lässt die Muskeln kräftig arbeiten. Oben angekommen machen wir eine kurze Rast vor der Ruine der **Burg Hemmerich** im gleichnamigen Ortsteil. Das Alter der Burgruine ist nicht bekannt. Die ehemaligen Besitzer der Burg lassen sich aber bis ins 13. Jahrhundert zurückverfolgen. Man stellte fest, dass die Burg unter anderem mit Steinen des ehemaligen Römerkanals gebaut wurde. Nach einem Brand 1945 wurde die Burg nicht mehr instand gesetzt und verfällt seitdem. Von hier oben aus haben wir eine fantastische Fernsicht: Zur rechten Seite schweift der Blick bis ins Siebengebirge und nach links bis zu den Erhebungen des Bergischen Landes. Nachdem wir Bornheim-Hemmerich verlassen haben, fahren wir über ebene Feldwege weiter in Richtung **Bornheim-Rösberg.** Von Weitem sehen wir schon den weißen Wasserturm, an dem wir vorbeifahren. Der Turm wurde 1919 von den Briten errichtet und versorgte den Ort bis in die 1970er-Jahre mit Frischwasser. Er ist heute in Privatbesitz. Nach einer Sanierung befinden sich zwei Wohnungen in dem Bauwerk, wobei die obere Wohnung nur über die außenliegende Wendeltreppe zu erreichen ist. Wenige Kurbelumdrehungen weiter stehen wir vor dem **Schloss Rösberg.** Das im 18. Jahrhundert gebaute, freistehende Herrenhaus wird von symmetrisch angeordneten Wirtschaftsgebäuden flankiert. Heute gibt es dort Eigentumswohnungen. Wir fahren über den Rüttersweg weiter nach Bornheim Merten und passieren das **Wirtshaus Zur Heide,** eine willkommene Einkehrmöglichkeit. Später biegen wir am Ortsrand auf einen Forstweg ab und folgen der rot-weißen Radwegbeschilderung durch den **Staatsforst Ville** in Richtung **Berggeistsee.** Der See war ein Tagebau im ehemaligen Braunkohlerevier Ville. Heute ist das Areal ein Naturschutzgebiet. Beim Vorbeifahren am Freizeitpark **Phantasialand** deutet nichts mehr darauf hin, dass auf dem Gelände früher die Brikettfabrik Berggeist mit dazugehörigem Kraftwerk stand. Sie wurde in den 1960er-Jahren stillgelegt. Jetzt vergnügen sich hier Menschen in fantastischen Kunstwelten.

St. Aegidius in Bornheim-Hemmerich

Nach einer längeren Abfahrt auf der Euskirchener Straße erreichen wir Brühl und fahren dort weiter bis ins Stadtzentrum. In der Einkaufsstraße ist das Radfahren erlaubt. Dort können wir uns im Außenbereich der vielen Cafés, z. B. im **Café Guglhupf,** stärken und das bunte Treiben beobachten. Brühl ist weltbekannt für sein **Schloss Augustusburg.** Auf dem Weg dorthin fahren wir an der schlicht aussehenden Schlosskirche **St. Maria von den Engeln** vorbei. Eine Besichtigung des prachtvollen Kirchenraums ist als Einstieg in die Schlosserkundung empfehlenswert. Im 18. Jahrhundert passte man den Innenraum an den Rokoko-Stil des Schlosses an. Eine weitere Augenweide ist der **Schlosspark,** dessen Sichtachsen viele hunderte Meter in die Landschaft ragen. Die Schlossanlage mit dem Park sowie das dazugehörige **Jagdschloss Falkenlust** ist Weltkulturerbe und wurde Anfang des 18. Jahrhundert im Auftrag von Kurfürst Clemens August errichtet. Lange diente es der Bundesregierung als Repräsentationsbau, um nationale und internationale Gäste zu empfangen. Einen besonderen Rahmen für die Staatsempfänge bot das punkvolle Treppenhaus des Schlosses, das nach Plänen von Balthasar Neumann errichtet wurde. Wegen der pittoresken Umgebung tummeln sich besonders an Wochenenden oft Hochzeitsgesellschaften in Schloss Augustusburg, die den Park für ein Fotoshooting mit Schlossblick erobern. Wir fahren die letzten Meter dieser Tour auf der autofreien Bahnhofstraße weiter und gelangen entspannt zum **Bahnhof Brühl.**

Feldweg mit Weitblick in Richtung Bornheim-Merten

Kurz & knapp

Am Bahnhofgebäude stehend geradeaus in Münstergarten fahren, nach 800 m links in Berner Straße einbiegen, dann rechts in Straßburger Straße (rot-weiße Radwegschilder Weiße Burg), dann rechts in Brüssler Straße, dann links in Kaiserstraße bis Weiße Burg. Hinter Weißer Burg rechts in Ophofstraße bis Landstraße (Breslauer Straße), dort rechts, nach 20 m links auf Feldweg (Eichenweg/rot-weiße Radwegschilder). Geradeaus bis Kardorf, dort zuerst Gleise, dann Pappelstraße queren und geradeaus auf Lindenstraße weiter, dann links in Schelmenpfad, nach 250 m rechts in St. Josefsweg, geradeaus fahren (starke Steigung). Weiter über Uhlstraße, Straße „Moosgarten" queren, auf kleinen Weg (Hemberger Straße/starke Steigung) geradeaus bis Pützgasse, dort rechts einbiegen, dann rechts in Kreuzberger Straße, danach rechts in Jennerstraße und geradeaus bis Burgruine. Von Ruine zurück bis Pützgasse, dort rechts abbiegen und geradeaus weiter bis Weggabelung, dort halbrechts, weiter bis Feldwegkreuzung, dort rechts bis Landstraße (rot-weiße Radwegbeschilderung Richtung Merten). Auf gegenüberliegender Seite der Landstraße geradeaus bis Rösberg, dort rechts in Theisenkreuzweg, am Wasserturm vorbei, dahinter links in Rüttersweg Richtung Merten fahren.

Wasserturm in Bornheim-Rösberg

(Abstecher Schloss Rösberg: Von Rüttersweg rechts in Schlossallee und 300 m geradeaus.) In Merten von Rüttersweg links in Silcherstraße und geradeaus, später über Fuß-/Radweg in Wald fahren. Auf unbefestigtem Waldweg einige Kilometer **geradeaus** (Klüttenweg/rot-weiße Radwegschilder), an Schutzhütte vorbei, **geradeaus,** später an Weggabelung **rechts** Richtung Berggeistsee (Wanderschild). Hinter See auf Coloniastraße (Asphaltstraße) **links** und **geradeaus** durch Ort, später über Berggeiststraße Autobahn unterqueren und hinter Kreisverkehr **geradeaus** vorbei an Phantasialand bis Phantasialandstraße, dort **rechts** und **geradeaus** einige Kilometer Richtung Brühl-Zentrum fahren. An Ampelkreuzung zuerst Alte Bonner Straße, später Bahnschienen queren, dahinter weiter auf Pingsdorfer Straße **geradeaus** bis Kreisverkehr im Stadtkern, dahinter auf Uhlstraße der rot-weißen Radwegbeschilderung Richtung Brühler Rathaus durch Fußgängerzone folgen. Hinter Rathaus Höhe „Brühlinfo" **rechts** in Schlossstraße, **geradeaus,** vorbei an Schlosskirche, nach 200 m Zugang zum Schlossgarten (**rechts** durch Durchgang schieben). Richtung Bahnhof weiter auf Schlossstraße, dann **rechts** in Bahnhofstraße und **geradeaus** auf Fuß-/Radweg am Schloss vorbei bis Parkwegende, dort 50 m weiter bis Bahnhof.

Schöne Wege führen durch den Staatsforst Ville.

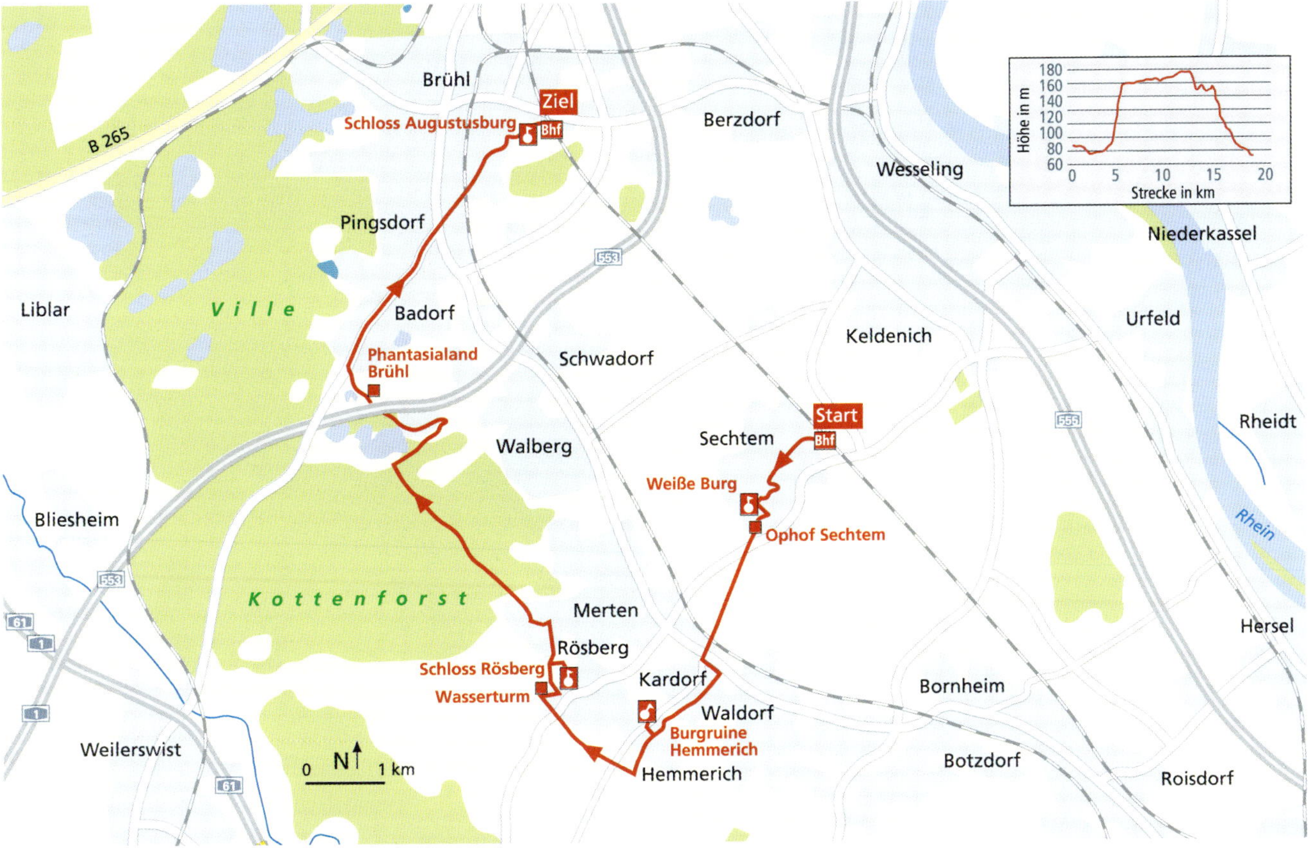

Brühl
Ziel
Schloss Augustusburg
Bhf
B 265
Berzdorf
Wesseling
Pingsdorf
553
Niederkassel
Liblar
Ville
Badorf
Urfeld
Keldenich
Phantasialand Brühl
Schwadorf
Start
Sechtem
Bhf
555
Rheidt
Walberg
Weiße Burg
Bliesheim
Ophof Sechtem
Rhein
553
61
1
Kottenforst
Merten
Hersel
Rösberg
Schloss Rösberg
Kardorf
Bornheim
Wasserturm
1
Waldorf
Burgruine Hemmerich
Weilerswist
Botzdorf
61
Hemmerich
Roisdorf
0 N 1 km

Höhe in m
180
160
140
120
100
80
60
0 5 10 15 20
Strecke in km

Einkehrmöglichkeiten 

Wirtshaus Zur Heide, Rüttersweg 129, 53332 Bornheim-Merten,
Tel. 02227 6535, www.wirtshaus-zurheide.de
Di.–Sa. ab 16.00, So. 11.30–15.00 und ab 17.00 Uhr, Mo. Ruhetag

Café Guglhupf, Kölnstraße 42, 50321 Brühl,
Tel. 02232 9399490, www.konditorei-guglhupf.de
Mo.–So. 9.00–18.00 Uhr

Freizeiteinrichtungen 

Phantasialand, Berggeiststraße 31-41, 50321 Brühl,
Tel. 02232 36236, www.abenteuer-freizeitpark.de
Mo.–Fr. 10.00–18.00, Sa./So. 10.00–19.00 Uhr

Museen & Sehenswürdigkeiten 

Schloss Augustusburg, Schlossstraße 6, 50321 Brühl,
Tel. 02232 44000, www.schlossbruehl.de
Di.–Fr. 9.00–16.00, Sa./So. 10.00–17.00 Uhr,
Schlosspark 8.00–17.00 Uhr

Phantasialand in Brühl

Der Autor

Thomas Pfeiffer ist freier Reisejournalist, Fotograf und Filmemacher. Auf seiner Webseite www.radgeschichten.com berichtet er über seine Leidenschaften das Fahrradfahren und das Reisen. Viele Jahre war der gebürtige Kölner zudem in seiner Heimatstadt als Stadtführer unterwegs, um den Gästen zu Fuß und mit dem Fahrrad die interessanten Orte der Stadt und die Mentalität der Kölner näherzubringen. Er kennt die Stadt und das Umland durch unzählige Fahrradtouren wie seine Westentasche.